핫
팁

__________________________ 님의 소중한 미래를 위해
이 책을 드립니다.

남이 보지 못하는 것을 보는 법

핫팁

노경한 지음

모아북스
MOABOOKS

왜 핫팁인가?

중소기업융합연합회 CEO 모임을 가보면 중소기업들이 사람들을 채용하지 못해 힘들다고 한다. 한쪽은 일자리가 없어서 한쪽은 사람이 없어서 힘들어 한다. 참으로 아이러니컬한 현상이다.

지속적인 경기 침체로 청년 실업 40만 명 시대. 그들은 지금 이 순간 어디서 무엇을 하고 있을까?

도서관에서 취업을 위해 열심히 공부하거나, 자격증이나 어학능력 향상을 위해 학원 수강을 하거나, 지금도 공무원 고시를 위해 노량진에 있을 학생들, 그리고 어쩌면 부모에게 의지하며 부모가 어떻게 해주기를 기다리거나 자포자기하고 있을 수도 있다. 수도 없이 자기소개서를 쓰고 미취업자 전문교육을 수강하는 등 여러 가지 형태로 취업을 위해 동분서주하고 있을 것이다.

가끔 대학생을 진로 지도하고 취업준비생을 지도하다 보면 "학벌이 안 좋아서……." "빽(인맥)이 없어서……." "집안에 돈이 없어서……."

"능력이 없어서……." "영어 실력이 없어서……." "지방대 출신이라서……." 등의 이유를 들며 꿈과 비전, 취업, 결혼, 진로 등 모든 선택의 폭을 현재의 기준에 맞추어 낮추는 경우를 볼 수 있다.

그러나 이 글을 읽는 여러분은 세상에 하나밖에 없는 인생 최대의 걸작품으로 창조되었다. 창조주는 아직도 당신을 더 멋진 걸작품으로 만들기 위해 계속 공사 중에 있다. 결국 현재의 고난과 역경은 최고의 걸작품을 만드는 하나의 과정일 뿐이다. 지금 여러분이 겪고 있는 힘든 과정을 통과하면 반드시 축복의 열매가 기다리고 있을 것이다.

요즘 만나는 사람들 대부분이 사회가 불안하고 경기가 어려워 여러 가지로 힘들다는 얘기를 많이 한다. 하지만 취업을 앞두고 있는 여러분은 어떤 상황 속에서도 긍정의 힘을 갖고, 또한 직장에 입사해서 힘들어하는 친구들도 이 책을 통해 더 멋진 미래에 대한 희망과 성공 마인드를 갖기 바란다.

"나는 좋은 곳에 취업할 수 있어." "나는 행복할 수 있어." "나는 날마다 성장하고 있어." "나는 열정적이야." "나는 소중한 사람이야." "나는 잘될 거야." 등등 늘 긍정적인 생각으로 살아간다면, 언젠가 분명코 시냇가에 심어진 나무처럼 철따라 과실을 많이 맺는 축복의 아름다운 인생이 될 것이다.

우리 모두는 특별한 목적을 갖고 태어난 아주 보배롭고 존귀한 존재들이다. 컴퓨터나 비행기, 전구, 핸드폰, 이 세상의 모든 사물은 저절로 만들어진 것은 하나도 없으며, 누군가에 의해 특별한 목적을 갖고 설계되고 만들어졌다.

하찮은 작은 사물조차도 특별한 목적 하에 설계되고 만들어졌다면 만물의 영장이며 우주상에서 가장 위대한 인간이 저절로 만들어졌다는 것은 말이 되지 않는다. 그렇다면 과연 나는 어떤 특별한 목적을 갖고 이 땅에 태어났을까? 인생을 살아가는 나의 존재 목적은 무엇일까? 신앙적이고 철학적인 질문을 한 번쯤은 진지하게 던져볼 필요가 있다.

아무런 생각도 없이 특별한 목적 없이 무의미하게 살아가는 사람들이 몇 퍼센트나 될까? 이 글을 읽는 여러분은 어느 부류에 속해 있는가?

이 책이 여러분에게 특별한 목적을 찾는 데 '핫팁'이 되어주고 조금이나마 도움이 된다면 참으로 기쁠 것이다.

취업준비생과 이미 취업했지만 더 멋진 인생을 살아가기 원하는 직장인 여러분, 너무 어렵게 생각하지 않아도 된다. 내가 잘할 수 있고 좋아하며 남에게 유익을 주는 일이라면 오케이다.

필자는 대기업에서 인사팀장으로, 그리고 IT 전문교육 및 IT 인재 아웃소싱 전문업체 CEO로 있으면서 많은 청년들이 기업에 꼭 필요한 인재가 되어가는 과정을 지켜보았다. 그리고 "취업과 진로"라는 강의 주제로 대학교 겸임교수 생활을 하며 대학생들의 뜨거운 취업 열기를 경험했다.

　그동안 청년들의 취업 현장에서 쌓아온 여러 가지 경험과 노하우를 이 책의 곳곳에 소개하였다. 더불어 학교에서, 도서관에서, 그리고 구직 현장에서 실패를 경험한 많은 취업준비생들에게 힘이 되는 조언과 더 멋진 삶을 살아가기 원하는 직장인들을 위한 인생과 성공에 대한 따뜻한 이야기들을 나누려 한다. 힘든 취업 준비와 힘든 직장 생활 틈틈이 이 책을 통해 휴식과 재충전의 시간을 갖길 바란다.

　이 책이 있기까지 조언과 격려를 주신 모든 분께 감사드린다. 특히 든든한 사업동반자인 김수환 전무와 늘 열정과 사랑으로 멘토 역할을 해주신 성공전략연구소 이내화 대표님과 책이 완성되기까지 바쁜 시간에도 조언을 아끼지 않았던 모아북스 이용길 대표님과 지금까지 어려운 상황에서도 늘 곁에서 응원해주고 격려해준 사랑하는 딸 현지, 윤지(노아)와 아내에게 진정으로 고마움을 전한다.

　마지막으로 부족한 나를 지금까지 이끌어주시고 언제나 사랑과 은혜를 풍성히 베풀어주시는 하나님께 모든 영광을 올려드립니다.

노경한

Chapter 02

긴 말은 필요 없다

Chapter 03
괜찮아 **마음먹기**에 **달렸어**

Chapter 01

주목
하라

01 천사의 가게에서 파는 물건은 무엇인가?

한 여인이 꿈에서 시장에 갔다. 새로 문을 연 듯한 가게로 들어갔는데 가게 주인은 다름 아닌 하얀 날개를 단 천사였다. 여인이 이 가게에서 무엇을 파는지 묻자 천사가 대답했다.

"당신의 가슴이 원하는 것은 무엇이든 팝니다."

그 대답에 너무 놀란 여인은 생각 끝에 인간이 원할 수 있는 최고의 것을 사기로 결심하고 말했다.

"마음의 평화와 사랑, 지혜와 행복, 그리고 두려움과 슬픔으로부터의 자유를 주세요."

그 말을 들은 천사가 미소를 지으며 말했다.

"부인, 죄송합니다. 가게를 잘못 찾으신 것 같군요. 이 가게엔 열매는 팔지 않습니다. 단지 씨앗만을 팔 뿐이죠."

숯과 다이아몬드는 그 원소가 똑같은 탄소라는 것을 아는가?

그 똑같은 원소에서 하나는 아름다움의 최고 상징인 다이아몬드가 되고, 하나는 보잘것없는 검은 덩어리가 된다는 사실…….

어느 누구에게나 똑같이 주어지는 하루 스물네 시간이라는 원소, 그 원소의 씨앗은 누구에게나 주어지지만 그것을 다이아몬드로 만드느냐, 숯으로 만드느냐는 우리의 선택에 달려 있다.

삶은 다이아몬드라는 아름다움을 통째로 선물하지는 않는다. 단지 가꾸는 사람에 따라 다이아몬드가 될 수도 있고, 숯이 될 수도 있는 씨앗을 선물할 뿐이다.

희망으로 붙잡을 수 있는 것이 있다면 그건 바로 시간이다. 반성이라는 예방약으로 후회의 시간을 얼마나 잡을 수 있을지 모르지만 노력하면 어느 정도 가능하다고 생각한다.

지나간 세월들이 모여서 오늘의 결실이 되듯이, 오늘 하루하루 보낸 순간들이 모여서 미래를 결정한다.

이 글을 읽는 여러분은 요즘 어떻게 시간을 보내고 있는가?

지나온 시간을 반성하며 오늘 이 순간부터라도 내게 주어진 시간이라는 씨앗을 소중하게 가꾸어 미래는 다이아몬드 이상의 인생을 만들어 가는 우리 모두가 되었으면 한다.

경제위기 속에서도, 바쁜 일상 속에서도 사랑하는 사람과도 소중한 시간을 보내고, 계절의 변화도 느끼며 삶의 여유를 가지는 인생이 되기 바란다.

다이아몬드보다 멋진 미래를 향하여!

02 위기 상황에서 꿀벌과 파리의 차이는

지금 전 세계 경제가 예측할 수 없는 상황에 놓여 있다. 얼마 전 30년 이상 외국계 증권회사와 은행에 근무한 MBA 동문으로부터 앞으로 경기 침체는 최소 2년에서 3년 오래 지속될 것이라는 얘기를 들었다.

요즘은 많은 매스컴이 경제난과 취업난 기사를 많이 다루고 있고, 만나는 사람마다 힘들다고 하며 모임마다 경제와 취업난 얘기를 한다.

하지만 어둠이 지나면 희망 찬 새벽이 오고, 비가 내리는 구름 저 너머에 아름다운 태양이 비치고 있듯이, 혹독한 겨울이 지나면 따사한 봄날이 오듯이, 오늘날의 경제위기도 언젠가는 반드시 회복되어 그 이전보다 더 경기가 활성화되리라 본다.

고난과 역경이 인간에게서 모든 것을 빼앗아 갈 수 있어도 단 한 가지 자유는 빼앗아 갈 수 없다. 어떤 어려운 상황에 놓이더라도 자신의 삶을 대하는 태도를 선택할 수 있는 자유가 그것이다. 우리는 긍정적인 태도를 선택할 수 있고 부정적인 태도를 선택할 수도 있다.

이런 경제위기 속에서는 기존의 틀이나 기존의 상식이 통하지 않는다. 꿀벌과 파리의 이야기를 통해 위기의 시대를 관리하는 지혜를 소개하고자 한다. (정광호의 《CEO 경영우언》 참조)

다섯 마리의 꿀벌과 같은 수의 파리를 한 병에 넣고 병을 눕혀서 밑부분을 창 쪽을 향하도록 둔다면 병 안에서 과연 어떤 일이 일어날까?

꿀벌들은 병 밑쪽으로 모여들어 출구를 찾기 위해 필사적으로 노력한다. 그리고 마침내 모두 그 자리에서 지치거나 굶어죽게 된다. 그러나 파리들은 불과 얼마 지나지 않아 반대편인 병목 쪽에서 출구를 찾아 모두 탈출한다. 꿀벌은 빛을 좋아해 밝은 쪽으로 모여드는데, 이런 꿀벌의 생리가 그들을 죽음의 길로 이끄는 것이다.

꿀벌에게는 출구를 찾으려면 밝은 쪽을 향하는 것이 온당하고 논리적인 사고일 것이다. 그러나 이 유리병은 꿀벌에게 하나의 초자연적 괴물에 해당한다. 그리고 그들이 자연계에서 터득한 사고 능력의 차원이 높으면 높을수록 이런 초자연적 현상에 대한 불가사의함은 더욱 불거질 것이다.

그러나 어리석은 파리들의 행동에는 전혀 논리가 작용하지 않는다. 빛의 유혹도 그들에게는 아랑곳없다. 벽에 부딪히며 사방을 무작정 날아다니다가 마침내 운 좋게도 유일한 출구를 발견하고 탈출에 성공하는 것이다.

파리처럼 방향성 없이 이리 뛰고 저리 뛰고 해서 위기를 해결하라는 것이 아니다. 그러나 현재처럼 불확실하고 변화무쌍한 환경에서는 때론 정상적이었던 일이 예측하기 어려운 불가사의로 돌변하는 경우가 자주 발생한다. 기존의 성공 경험과 기존의 상식이라는 고정관념에 사로잡혀 마치 유리병 속에 갇힌 꿀벌처럼 위기를 극복하지 못하고 도태되고 있지는 않은지 한번 생각해 보았으면 한다.

오늘날과 같은 장기적인 위기 상황에서는 정연한 질서와 합리를 추구하기보다는 저돌적인 행동과 무분별함이 오히려 위기를 돌파하는 효과적인 방법이 될 수 있다.

어떤 어려운 환경도 긍정의 힘을 이길 수 없다. 우리는 부정적인 태도를 선택할 수도 있고, 긍정적인 태도를 선택할 수도 있다. 고정관념에서 벗어나 의지적으로 긍정의 힘을 선택하여 경제위기를 슬기롭게 잘 극복해 더 멋지고 , 더 풍성한 열매 맺는 미래를 열어가기 바란다.

03 자신에게 스스로 놀랄 만한 값을 매기자

아프리카의 어떤 마을에서는 청년이 결혼하기 위해 처녀의 아버지에게 암소를 갖다 주면서 청혼하는 풍습이 있다. 처녀를 사랑하는 정도에 따라 살찐 암소냐 늙은 암소냐가 결정된다. 그리고 좋은 신붓감에게는 보통 암소 두 마리를 주면서 청혼한다. 드물게 암소 세 마리를 주는 경우도 있다. 처녀가 마음에 들수록 더 많은 암소를 주게 된다.

어느 날 한 청년이 살찐 암소 아홉 마리를 몰고 가난한 집의 보잘것없는 처녀에게로 갔다. 이를 본 동네 사람들이 그 청년을 미쳤다며 비웃었다.

그것을 보았던 어떤 이가 오랜 세월이 지난 후 그 청년을 다시 만나게 되었다. 그런데 그는 아주 아름답고 멋진 여자와 살고 있었다. 그 사람은 청년이 다른 여자와 재혼을 한 것이라 생각했다. 그러나 그 여자가 바로 그때의 보잘것없는 처녀라는 사실을 알고 깜짝 놀랐다. 한두 마리 암소의 가치밖에 되지 않던 처녀는 살찐 암소 아홉 마리를 받고 나서 그 후로는 자신의 가치를 아홉 마리에 걸맞게 살려고 노력했고, 그 결과 그 처녀는 살찐 암소 아홉 마리의 가치가 있는 여자로 변해갔던 것이다.

누군가가 자기에게 어떤 가치를 부여하느냐, 또는 스스로가 자신에게 어떤 가치를 부여하느냐에 따라 자신의 가치가 달라지는 것이다. (《여자 20대 명품 인생을 준비하라》에서 참조)

세계적으로 유명한 성공 컨설턴트인 지그 지글러가 어느 날 길에서 연필 한 자루를 주면서 구걸하는 거지를 만났다. 그는 연필을 받지 않고 1달러를 주고 가다가 다시 돌아와 거지에게 연필을 달라고 하면서 이렇게 말했다.

"당신은 이제 더 이상 거지가 아닙니다. 당신도 이제부터 나와 같은 사업가랍니다."

지그 지글러가 이 말을 던지고 간 그 순간부터 그는 자신에 대해 더 이상 거지 자화상이 아닌 사업가 자화상을 그리기 시작했고 결국 거지에서 사업가로 성공했다는 사례가 있다.

현재 실직자이거나 미취업자, 실패자, 시험에 낙방한 자 등 힘들고 실의에 빠진 사람들이여, 현재를 보고 자신을 암소 한 마리의 가치도 안 된다고 생각하지 말고 "나는 암소 수백만 마리 이상의 가치가 있는 사람이다."라고 생각하면서 하루하루를 살아가자. 그러면 언젠가 반드시 암소 수백만 마리 이상의 가치 있는 존재가 되어 있을 것이다.

04 스토리가 스펙을 이긴다

"스토리가 스펙을 이긴다."

여러분은 이 제목만 보아도 공감이 갈 것이다.

이전에 어느 저녁 세미나에서 《스토리가 스펙을 이긴다》의 김정태 저자 특강에 참여한 적이 있다. 대기업 사장, 대학 총장, 정부기관 국장, 다양한 분야의 전문가들 백여 명이 참석한 세미나였다. 다른 어느 특강보다도 참석한 모든 사람의 시선이 강사에게 집중되었고, 한 시간 내내 강사의 강의 내용에 흠뻑 빠져 있었다. 지금까지의 초청 강사들과는 다른 내공과 에너지를 느낄 수 있었다. 강사의 삶의 가치와 신뢰 위에 그의 스토리가 더해져 강의 내내 에너지가 뿜어 나온 것이다.

요즘 취업 전선이나 사회에서 스펙 만들기가 마치 전염병처럼 퍼져나가고 있다. 스펙이란 영어 단어 Specification(명세서)에서 나온 말인데, 이는 해당 제품에 대한 여러 조건들을 상세하게 기술한 제품 명세서를 의미한다. 제품의 스펙이 좋다는 말은 다른 제품이 가지지 못한 추가 기능이 있거나 뭔가 특별한 기능들이 있음을 뜻한다.

학점, 토익, 인턴십, 자격증, 봉사활동, 방송 출연, 출판, 공모전 수상,

교환학생 경험, 해외연수 등 취업준비생들은 스펙 쌓기에 열중한다. 좋은 스펙을 쌓는 것도 어렵지만, 그렇게 만든 좋은 스펙을 가지고도 원하는 것을 성취하지 못하는 경우가 많다.

이제는 스펙을 넘어 자신의 스토리를 만들어보자.
사회에서 필요로 하는 스펙을 쌓아가되 반드시 스펙에 의미를 부여하고 나의 스토리로 멋지게 포장하자.

무 스펙으로 중견기업에 입사한 H군의 사례를 들어보겠다. 그는 대학 4년 동안 당구밖에 한 것이 없다(학점: 2.7, 취미/특기: 당구500). 이 스펙으로는 어느 기업에도 입사할 수 없다. 하지만 그는 당구에 자신의 스토리를 가미해서 신뢰를 담아 면접관에게 어필했고 당당히 합격 통보를 받았다. 다음은 면접 때 그가 답변한 내용이다.

"학창시절을 통틀어 제가 한 일이라곤 당구를 친 일밖에 없습니다. 하지만 저는 후회하지 않습니다. 하고 싶은 것을 실컷 했고, 당구를 통해서 배운 것도 매우 많기 때문입니다. 그중에서도 가장 중요한 한 가지가 있습니다. 세상 사람들이 하찮게 여기는 당구조차도 진지하게 들여다보면 그 속에는 사람들이 배워야 할 가치들이 존재한다는 것입니다. 저는 당구를 통해서 이 세상에는 하찮은 것이 하나도 없으며, 사람들이 하찮게 생각하는 것에도 나름대로의 가치와 의미가 있다는 것을 깨달았습니다. 저는 내세울 것이 하나도 없습니다. 하지만 만약 제가 귀사에서 일하게 된다면 당구를 치는 마음으로 일을 하고 싶습니다. 제가 어디에서 어떤 일을 하든, 남들이 뭐라고 해도 당구를 치는 열정으로 일에 전념하고 싶습니다. 당구를 치는 마음으로 제가 하는 일의 가치를 발견하고 남들이 모르는 의미를 찾아내면서 일하고 싶습니다."

스토리는 취업 전선에서만 통하는 것이 아니다. 요즘 스토리 마케팅도 유행이다. 단순히 제품의 스펙만을 강조하지 않고 고객에게 제품에 대한 스토리를 만들어 마케팅함으로써 고객의 감성을 터치해 매출을 증대시키고 있다.

한때 A백화점 지하 식품매장에는 개당 무려 9천 원짜리 사과가 등장한 적이 있다. 일반 사과에 비해 서너 배나 비싼 데는 이유가 있었다. 그 사과는 일명 '합격사과'로 통했다. 낱개 포장한 사과 포장지에는 이런 문구가 쓰여 있었다.

"태풍 곤파스로 인해 사과나무는 쓰러지고 대부분의 사과는 떨어졌습니다. 농민들은 큰 낙심에 빠졌지만 끈기 있게 사과를 키웠습니다. (중략) 어려운 환경을 이겨낸 사과를 가지째 드립니다."

태풍의 위세에도 나무에서 떨어지지 않은 사과를 열흘 앞으로 다가온 수능 수험생들을 겨냥해 '합격사과'로 선보인 것이다. 3년 만에 몰아친 태풍으로 경기 충청권 일대 사과 농장들은 그해 유난히 작황이 좋지 않았다고 한다. 농가별로 지난해 대비 10~20% 수준의 작황에 그친 곳도 있는 것으로 알려졌다. A백화점은 바로 이 점에 착안해 피해 농가를 위해 '합격사과' 라는 묘안을 낸 것이다.

요즘 지하철을 가보면 스토리 공모전에서 당선된 작품들이 소개되어 있다. 스펙은 사람을 감동시키지 못하지만 스토리는 사람을 감동시킨다. 취업을 준비할 때나 상품을 마케팅할 때나 삶의 모든 분야에서 스토리 중심의 사고를 가져보자.

한 CEO가 시각장애인 행세를 하면서 허름한 옷을 입고 지하철 내에서 구걸을 경험해보았다. 그런데 "저는 태어나면서부터 시각장애인입니다."로 시작하는 스펙으로 호소했을 때는 하루에 몇 천 원도 벌지 못하다가, 스토리를 이용한 구걸을 하자 수입이 몇 만 원이 되었다고 한다.

"아! 올 가을은 작년보다 단풍이 더 아름답다고 합니다. 여러분은 무지개보다 더 아름다운 단풍을 볼 수 있지만 저는 단풍을 볼 수가 없답니다. 여러분의 도움이 저에게는 단풍이랍니다."

스토리가 스펙을 이긴다. 더 정확하게 표현하면 스토리가 스펙을 이길 수밖에 없다.

여러분은 여러분만의 스토리를 만들기 위해 노력하고 있는가? 지금도 다른 사람과 스펙을 비교하면서 스펙만을 쌓는데 시간을 쓰고 있지는 않은가? 상품을 사는 고객이나 신입사원을 채용하는 기업에서 원하는 기본적인 스펙을 쌓아가되, 반드시 자신의 스토리를 만드는 데도 많은 투자를 해야 한다.

05 긍정의 사람이 되자

럭비에 대해서는 알아도 어떻게 럭비가 시작되었는지에 대해 아는 사람은 거의 없다.

'럭비'라는 애칭을 가진 윌리엄 웹 엘리스(William Webb Ellis)라는 한 소년이 럭비라는 이름으로 1832년 어느 날 영국의 한 학교를 대표해 축구 경기에 나갔다. 그런데 집중력이 부족했던 탓인지 엘리스는 공을 차는 대신 공을 붙잡고 골대를 향해 달려갔다. 관중들은 웃음을 참지 못했고 엘리스를 조롱했다. 엘리스는 자신의 실수를 뼈아프게 느꼈지만, 엘리스의 '실수'를 지켜보던 어떤 사람에게 그 사건은 공을 차는 대신 잡고 뛰는 새로운 스포츠에 대한 상상력에 불을 지펴주었다. 하나의 실수로 창조력이 발돋움해 새로운 스포츠가 탄생한 것이다.

이제 럭비 월드컵은 전 세계 사람들의 관심이 집중되는 경기로, 스포츠 행사로는 축구 월드컵만이 이 경기를 앞서 있을 뿐이다. 4년마다 수여하는 우승컵은 역설적으로 스포츠를 '발명'한 사람, 하지만 자신이 발명했다고 주장하지 않았던 그 사람의 이름을 따서 '윌리엄 웹 엘리스 컵'이라고 명명되었다. (레너드 스윗의《세상을 호흡하며 춤추는 영성》참조)

럭비라는 한 소년의 실수에 대해 많은 사람이 웃음을 참지 못하고 조롱하는 반면 실수 속에서도 진주를 찾는 사람이 있었기에 오늘날의 럭비가 탄생했듯이, 모든 사건을 바라볼 때 부정적인 생각보다는 긍정적인 마인드를 갖고 살아간다면 럭비 탄생과 같은 멋진 결실을 보리라 생각한다.

위와 같은 사례는 스포츠 분야에서뿐만 아니라 사업에서도 많이 나타난다. 포스트잇, 물비누, 사발면 등의 탄생은 전부 수많은 실수를 통해 나온 성공한 제품들이다. 결국 실수와 실패를 거치지 않고서는 어떤 히트상품도 어떤 명품, 명작도 탄생하지 않는다고 볼 수 있다. 똑같이 실패를 하더라도 실패로 인해 좌절에 빠져 헤어나지 못하는 사람이 있는 반면 실패를 거울 삼아 성공을 향한 디딤돌로 여기며 전진하는 사람이 있는 것이다. 과연 나는 어느 부류의 사람인가?

요즘 취업 전쟁이라고 할 정도로 취업난이 심각하다. 면접에서 불합격한 경우에 불합격에 좌절해서 자신감을 잃고 실의에 빠지는 경우를 보게 된다.

필자가 S정보통신 인사팀장으로 있을 때 어느 날 불합격한 지원자로부터 전화를 받았다.

"제가 이번에 귀 회사 면접에서 불합격했는데 그 이유를 알고 싶습니다. 꼭 알려주시면 1년 동안 열심히 부족한 부분을 보완해서 1년 후 다시 지원하겠습니다."

필자는 며칠 후 회사로 찾아온 그에게 면접 불합격 사유를 몇 가지 알려주었다. '자격증, 외국어능력, 횡설수설, 개인주의 성향, 비즈니스 모델에 대한 이해 부족, 꿈과 비전 불명확' 등등 이었다. 그 지원자는 1년간 열심히 준비한 후 재도전했고 결국 원하는 목표를 달성했다.

우리의 실수와 실패는 웃음거리가 아닌 더 나은 작품을 위한 하나의 과정에 불과한 것이다. 실패는 성공의 어머니라는 말이 있듯이 어떤 환경에서도 긍정적인 마인드를 갖고 모든 일에 감사하는 마음으로 살아간다면 우리 모두는 풍성한 인생을 살아갈 수 있을 것이다.

06 삶을 **단순**하게 **정리**하라

13세기, 인류역사상 그 어떤 정복자보다 넓은 땅을 장악했던 영웅 칭기즈 칸(알렉산더/나폴레옹/히틀러 세 사람이 정복한 땅보다 넓었고 무려 150년간을 다스림), 그는 결코 한 곳에서 안주하며 성을 쌓지 않았고 끊임없이 이동하고 확장했다. 당시 중국과 유럽의 국가들은 대부분 성을 쌓고 울타리를 늘리며 관료제를 발달시켰고, 이웃과 교류할 필요를 별로 느끼지 못했으며 소유의식이 강해 그만큼 폐쇄적이었다. 부정부패가 창궐하고 계층 간의 자리다툼이 조직 전체를 약화시켰다.

몽골 유목민들에게 있어서 질주는 선택이 아니라 필수였다. 풀이 떨어지고 물이 마르면 지체 없이 다른 장소로 이동해야 했기 때문이다. 적은 숫자의 병력으로 장거리를 이동하여 몇 배의 적군을 무찌르는 비결은 기동성이었다. 기동력을 최대화하기 위해서는 가진 것을 최소화해야 했으며, 갑옷과 군사 장비를 될 수 있는 한 가볍게 한 덕에 당시 유럽 기사들의 갑옷이 70킬로그램이었던 데 반해 몽골군의 군장은 7킬로그램밖에 되지 않았다. 식량도 고깃덩어리를 압축해서 만든 육포를 갖고 다니면서 별다른 보급 없이 간단히 해결했다.

‘기동성을 위한 단순화(Simplification)’, 이것이야말로 오늘날 디지털 시대, 스마트 시대, IOT(사물 인터넷)시대에 살아가는 우리들이 명심해야 할 교훈이다. 최고의 것을 위해서 괜찮은 것들을 버리는 용기가 필요하고, 정말 해야 하는 것, 정말 잘할 수 있는 것 몇 가지에 모든 역량을 집중할 필요가 있다. 오늘날처럼 정보의 홍수 속에서 바쁘게 살아가는 모든 사람에게 매일매일 선택과 집중의 결단이 절대적으로 필요하다.

자신이 해야 할 일이 무엇인지 분명히 아는 사람은 하지 말아야 할 일을 결정하는 데 갈등이 없다. 훌륭한 자기 관리는 명확한 비전과 목표 확립에서 시작된다. 목표가 분명하면 그곳으로 나아가는데 거치적거리는 요소들을 깔끔히 정리할 수 있다. 먼저 주위의 인간관계들을 단순하게 정리하라. 동창회다 협회다 동호회다 후원회다 각종 모임에 참석하면서 은근히 폭넓은 대인관계를 과시하는 사람들이 있다. 많은 사람들을 아는 것을 자랑하지 말고 적은 숫자라도 깊이 있는 교제를 할 수 있는 사람들에게 집중하자. 자신의 능력을 과대평가해서는 안된다. 정성을 다해 집중할 수 없다면 너무 많은 사람들에게 관심을 가지고 교제하려고 하지 말자.

우리의 말도 간단하게 정리하는 것이 필요하다. 말이 많으면 실수가 많다고 했다. 우리의 삶을 돌이켜보면 “꼭 해야 할 말을 못했다.”는 후회보다 “안 해야 할 말을 해버렸다.”는 후회가 훨씬 많지 않은가? 좋은 강의를 보면 간결하다. 그러면 오히려 더 힘이 있다. 말의 길이뿐 아니라 내용도 문제다. 복선을 깔고 빙빙 돌려서 말하는 습관을 버려야 한다. 정직하고 진실하지 않으면 아무리 유창한 말도 소용이 없다.

삶의 취미와 습관들도 단순하게 정리해보자. 단순히 나쁜 취미만 버리는 것이 아니다. 아무리 좋은 취미라도 너무 거기에 빠져 있다면 정리해야 한다는 것이다.

인기 TV 프로그램을 안 보면 마치 시대에 뒤떨어진 것처럼 말하는 사람들이 있는데 결코 그렇지 않다. 꼭 필요한 정도만 제외하고는 TV 뉴스나 드라마를 지나치게 보는 것도 그리고 신문이나 잡지, 여러 잡다한 도서들을 읽는 일도 절제할 필요가 있다. 가끔씩 하루 이틀만이라도 미디어 금식을 하면서 자연 속을 거닐어보라. 세상이 새롭게 다가올 것이다. 인간관계와 취미생활, 내가 읽고 보는 것들, 이 세 가지만 단순하게 정리해도 우리의 인생에는 참으로 많은 빈 시간이 확보될 것이다.

단순하게 삶을 정리하라는 말은 인간미라고는 전혀 없이 100% 기계 같은 효율성 위주의 삶을 살라는 말은 결코 아니다. 한 번 사는 이 땅에서의 인생, 우리에게 주어진 시간은 너무 짧고 우리의 능력은 한계가 있음을 인식하자는 것이다. 이 땅에서의 우리 인생은 너무 짧다. 시간 관리 성공 여부는 좋은 것과 나쁜 것이 아니라 최고의 것과 괜찮은 것을 구별하는 데 있다. 인생에서의 목표를 분명히 정하고 나무가 멋지게 자라기 위해 가지치기를 하듯이 삶을 단순화해 가자. (한홍의 《시간의 마스터》에서)

07 마음을 돌아보게 하는 글

세월이 참으로 빠르게 흐르는 것 같다. 젊은 시절보다 지금이 더 빨리 흐르는 듯 하다. 미국에서 노인들에게 젊은 시절로 돌아간다면 무엇을 하고 싶은지를 물었더니 의외로 좀 더 도전적인 일을 하고 싶다고 대답했다.

필자가 서울여대생에게 과제로 성공한 사람에 대한 벤치마킹 결과를 발표하도록 했다. 그 결과를 보니 한국의 성공자는 "젊은 시절에 하고 싶은 일이 무엇이냐?" 물어보면 대다수가 연애와 여행을 꼽았다. 미국인과 한국인 성공자 간에 많은 차이가 있다. 필자의 경우 지금 20대로 돌아간다면 여행과 연애 그리고 도전적인 일 세 가지를 다 하고 싶다. 욕심이 너무 많은가?

이번에는 선인들이 살아오면서 경험한 내용을 함축적으로 정리한 '마음을 돌아보게 하는 글' 을 소개한다. (킴앤노블 김명희 대표로부터 받은 메일에서)

마음을 돌아보게 하는 글

화는 마른 솔잎처럼 조용히 태우고, 기뻐하는 일은 꽃처럼 향기롭게 하라. 역성은 여름 선들바람이게 하고, 칭찬은 징처럼 울리게 하라.

노력은 손처럼 끊임없이 움직이고, 반성은 발처럼 가리지 않고 하라. 인내는 질긴 것을 씹듯 하고, 연민은 아이의 눈처럼 맑게 하라.

남을 도와주는 일은 스스로 하고, 도움받는 일은 힘겹게 구하라. 내가 한 일은 몸에게 감사하고, 내가 받은 것은 가슴에 새기고, 미움은 물처럼 흘려보내고, 은혜는 황금처럼 귀히 간직하라.

사람은 축복으로 태어났으며 하여야 할 일들이 있다. 그러므로 생명을 함부로 하지 말며, 몸은 타인의 물건을 맡은 듯 소중히하라.

시기는 칼과 같아 몸을 해하고, 욕망이 지나치면 몸과 마음 모두 상하리라. 모든 일에 넘침은 모자람만 못하고, 억지로 잘난 척하는 것은 아니함만 못하다.

내 삶이 비록 허물투성이라 해도, 자책으로 현실을 흐리게 하지 않으며, 교만으로 나아감을 막지 않으리니, 생각을 늘 게으르지 않게 하고, 후회하기를 변명 삼아 하지 않으리라.

사람을 대할 때 늘 진실이라 믿어하며, 절대 간사한 웃음을 흘리지 않으리니, 후회하고 다시 후회하여도, 마음가짐은 늘 바르게 하리라.

한 번뿐인 인생. 지금 이 시간이 다시 돌아오지 않을 인생. 위의 글을 자주 음미하면서 모두 모두 행복한 인생을 살아가는 여러분이 되었으면 한다.

<u>행복에 대한 정의는 사람마다 차이가 있으나 필자는 행복이란 "현재 가진 것에 감사하며 만족하는 것" 이라고 정의 내리고 싶다.</u>

가슴에 새겨둘 말의 씨앗

말은 사람을 살리기도 하고 죽이기도 한다. 말이 씨가 된다는 말이 있다. 좋은 말들을 마음속에 새겨두면 말이 씨앗이기에 언젠가는 반드시 좋은 열매를 맺을 것이다.

여러분에게 전해주고 싶은 좋은 글들을 소개한다.

「말(言)」

말을 많이 하면 필요 없는 말이 나옵니다. 양 귀로 많이 들으며, 입은 세 번 생각하고 여십시오.

「책(讀書)」

수입의 1%를 책을 사는 데 투자하십시오.

옷이 헤지면 입을 수 없어 버리지만 책은 시간이 지나도 위대한 진가를 품고 있습니다.

「노점상」

할머니 등 노점상에서 물건을 살 때 깎지 마세요. (백화점에서는 한번 깎아보세요!) 그냥 돈을 주면 나태함을 키우지만 부르는 대로 주고 사면 희망과 건강을 선물하는 것입니다.

「웃음(笑)」

웃는 연습을 생활화하세요.

웃음은 만병의 예방약이고 치료약이며, 노인을 젊게 하고, 젊은이를 동자(童子)로 만듭니다.

「TV(바보상자)」

텔레비전과 많은 시간을 함께하지 마세요.

술에 취하면 정신을 잃고, 마약에 취하면 이성을 잃지만 TV에 취하면 모든 게 마비된 바보가 됩니다.

「 성냄(瞋) 」

화내는 사람이 언제나 손해를 봅니다.

화내는 사람은 자기를 죽이고 남을 죽이며 아무도 가깝게 오지 않아서 늘 외롭고 쓸쓸합니다.

「 기도(祈禱) 」

기도는 녹슨 쇳덩이도 녹이며 천 년 암흑 동굴의 어둠을 없애는 한줄기 빛입니다. 기도는 자신을 돌아보는 기회가 되며 인생을 새롭게 시작하는 힘이 되기도 합니다.

「 이웃(隣) 」

이웃과 절대로 등지지 말아야 합니다.

이웃은 나의 모습을 비추어 보는 큰 거울입니다.

이웃과 마주하게 될 때 외면하지 말고 미소를 보내며 인사하세요.

「 사랑(慈愛) 」

머리와 입으로 하는 사랑에는 향기가 없습니다.

진정한 사랑은 이해, 관용, 포용, 동화, 자기낮춤이 선행됩니다.

김수환 추기경은 "사랑이 머리에서 가슴으로 내려오는 데 칠십 년 걸렸다."고 했습니다.

「 멈춤(止觀) 」

가끔은 칠흑 같은 어두운 방에서 자신을 바라보세요.

마음의 눈으로 마음의 가슴으로 주인공이 되어 '나는 누구이며, 어디서 와서, 어디로 가나'를 깊이 묵상하시기 바랍니다. 조급함이 사라지고 삶에 대한 여유로움이 생깁니다.

08 무엇이 당신의 가슴을 뛰게 하는가

인생에서 최대의 발견은 자신의 사명을 발견하는 것이다. 모든 사물은 목적이 있게 만들어졌다. 마이크는 목소리가 많은 사람에게 잘 들리도록 만들어졌고, 컵은 무엇인가 마시기 위해 만들어졌으며, 전화기는 상대방과 통화를 하기 위해 만들어졌고, 볼펜은 무엇인가를 쓰기 위해 만들어졌다. 무엇 하나 그냥 만들어진 것은 없다.

하물며 만물의 영장인 사람 역시 그냥 만들어지지는 않았을 것이다. 누군가에 의해 계획적으로, 무엇인가를 하도록 창조되었다. 그렇다면 나는 무엇을 하기 위해 이 땅에 태어났는가? 누구나 한 번쯤은 생각해보지만 쉽게 해답을 찾지 못한다.

무엇이 당신의 가슴을 뛰게 하는가? 그 무엇이 바로 우리의 사명인 것이다. 여러분은 자신의 일을 할 때 가슴이 뛰는가? 그렇다면 당신은 이미 자신의 사명을 발견한 것이다.

노벨상 수상자의 22%가 유대인이라고 한다. 지구상 인구 중에 유대인이 차지하는 비율에 비하면 엄청난 숫자다. 유대인의 경우 초등학교 시절부터 정규과정의 교육 외에 방과 후 다양한 활동을 통해 자신의 적성(사명)을 찾게끔 도와준다. 그 적성(사명)을 찾은 다음에는 그 분야에 집중적으로 매진하고 자신의 능력과 잠재력을 마음껏 발휘한다. 그러면 남보다 더 뛰어날 수밖에 없다.

S정보통신 인사팀장 시절 신입사원 교육 시 자신의 적성을 제대로 알고 있는 사원을 조사해보면 대학을 나오고 직장에 취업했는데도 불구하고 30%에도 못 치는 결과가 나왔다. 그리고 인사팀장 12년을 하면서 얻은 결론은 예체능계나 특수 직무(반도체 설계, 디자인 등)를 제외한 일반 비즈니스 세계에서는 자신에게 꼭 맞는 적성이란 없다는 것이다. 자신이 하는 직무에 대해 의지적으로 보람을 느끼고 열정을 가질 때 좋은 성과도 나고, 그것이 자신의 적성이라고 느껴진다. 필자 역시 개발에 적성이 맞다고 생각했는데 기술 분야에서 8년 근무 후 완전히 다른 직무인 인사 분야로 전환되었다. 처음에는 좀 힘이 들었지만 필자가 하는 일에 보람을 느끼고 열정을 다하니 좋은 성과가 나왔고, 주변에서 "당신은 인사 체질이야."라는 말을 듣게 될 정도였다.

"머리 좋은 사람은 노력하는 자를 이길 수 없고, 노력하는 사람은 즐기는 자를 이길 수 없다."고 한다. 우선 현재 자신이 하고 있는 일에 최선을 다하고 즐기는 마음이 중요하다. 그래야만 우리가 그 일의 노예가 아니고 주인이 된다는 사실을 명심하자.

필자는 서울여자대학교에서 '취업과 진로설계'란 과목으로 겸임교수를 하고 있다. 대부분의 대학생들은 자신의 진로를 확실히 정하지 못하고 있다. 그때 필자가 강의하고 조언해주는 내용은 여러 분야에서 사회적으로 성공한 사람들을 벤치마킹하라는 것이다. 그러다 보면 자신의 꿈과 비전을 찾는 데에도 분명 도움이 된다.

09 마시멜로의 유혹과 직업의 선택

성균관대에서 개최하는 경영학과 3학년 학생 학부모 대상 자녀 진로지도에 강사로 초대되어 간 적이 있다. 고등학교 학부모를 대상으로 하는 진로지도 설명회는 들어봤어도 대학생 부모를 대상으로 하는 경우는 처음 보았다.

성균관대 정도면 상대적으로 취업이 어렵지 않을 텐데 기대 이상으로 많은 학부모님이 참석하여 진행본부가 놀랄 정도였다고 한다. 그만치 취업의 문이 좁아졌을 뿐 아니라 대학생들의 진로가 이제는 학생들만의 문제가 아니라 사회적인 문제가 됨으로써 학부모들의 관심이 더욱 증가하게 된 것이다.

과연 어떤 직업이 최고의 직업인가? 어떻게 직업을 선택할 것인가? 단기적으로 보상이 많은 직업을 선택할 것인가, 아니면 당장은 어렵더라도 장기적으로 자신의 꿈을 실현하는 쪽으로 선택할 것인가? 마시멜로 이야기와 함께 바람직한 직업의 선택에 대해 언급하고자 한다.

스탠퍼드 대학 교수인 월터 미셸 박사는 4세 아이들을 상대로 실험을 했다. 아이들에게 달콤한 과자인 마시멜로를 나누어주면서 조건을 이야기했다. 선생님이 잠깐 다른 일을 보고 올 때까지 먹지 않고 기다리면 상으로 마시멜로를 더 줄 것이고, 올 때까지 기다릴 수 없으면 당장 먹어도 되지만 두 번째 마시멜로는 받지 못한다고 말한 것이다.

선생님이 방을 나가자 몇몇 아이들은 즉시 마시멜로를 먹어버렸다. 또 다른 아이들도 한동안 머뭇거리다 결국 유혹을 이기지 못하고 마시멜로를 먹어버렸다. 마시멜로를 쳐다보며 침을 흘리면서 참는 아이도 있었고, 노래를 부르거나 다른 생각을 하는 등 스스로 생각해낸 다양한 방법으로 시간을 보내는 아이들도 있었다. 선생님이 다시 돌아올 때까지의 시간은 약 15~20분 정도였다. 3분의 1 정도의 아이가 기다리지 못하고 마시멜로를 먹었으며, 나머지 아이들은 끝까지 기다렸다가 상으로 받은 마시멜로까지 행복하게 먹게 되었다.

놀라운 일은 실험을 실시한 뒤 15년 후에 일어났다. 유혹을 이기지 못했던 아이들은 쉽게 좌절하거나 고집을 부리고 짜증을 냈다. 또한 잘못을 저지르고도 오히려 부모에게 화를 내는 경우가 많았으며 가끔 싸움에 말려들기도 했다.

마시멜로를 먹지 않고 참았던 아이들은 긍정의 가치관을 가지고 다른 사람들과 조화를 이루며 살고 있었다. 눈앞의 욕구를 지연시킬 줄 아는 아이들은 불안과 분노를 다스리는 능력도 뛰어났으며 사회성이 높은 사람으로 성장했다.

실험 대상인 두 그룹은 학교 성적에서도 차이가 났다. 수능시험과 비슷한 SAT(Scholastic Aptitude Test)에서 마시멜로를 먼저 먹은 아이들의 점수가 500점대인 반면, 참고 기다린 아이들은 600~700점을 받았다. 총점 800점인 이 시험에서 두 그룹 평균이 무려 125점이나 차이가 난 것이다.

마시멜로 실험은 일상에서 자제력과 인내가 얼마나 중요한지를 보여준다. 보상이 지연될 수도 있다는 것을 알고 미래의 목표를 위해 현재의 고통을 참아낼 수 있으면 더 큰 보상이 따른다는 진리를 말해준다. 인내는 쓰지만 그 열매는 달콤한 것이다.

마시멜로 이야기는 아이들만의 이야기가 아니다. 우리는 날마다 마시멜로 실험에 놓여 있다. 여러분은 적성에는 맞지 않으나 누구나 부러워하는 회사와 나의 적성에 맞으나 아무도 모르는 작은 규모의 회사 중 어디를 선택하겠는가?

IT 취업전문과정 교육을 받는 중 아주 좋은 보수 조건으로 스카우트 제의를 받았다. 그런데 나의 꿈과 다르다면 여러분은 어떻게 하겠는가?

어른인 우리들도 마시멜로의 유혹으로부터 벗어난다는 것은 쉽지 않은 일이다. 눈앞에 보이는 이익을 좇아갈 것인가, 현재는 비록 힘들더라도 장기적인 측면에서 더 큰 이익을 찾아갈 것인가? 현명한 판단이 필요하다고 본다.

직장 선택뿐 아니라 배우자 선택, 재테크 투자 등 앞으로 인생을 살아가면서 많은 선택의 귀로에 설 것이다. 이럴 때마다 마시멜로의 교훈을 생각하며 장기적으로 멋진 선택을 하여 아름다운 인생을 살아가기 바란다.

10 성공적인 **진로 설정**과 **취업**을 위한 **프로세스**

인생에서 자신의 적성에 맞는 진로를 찾고 거기에 맞는 직업을 찾는 것은 아주 중요한 일이다. 하지만 자기 자신이 무엇을 잘하는지, 자신에게 가장 적합한 직업이 무엇인지 정확히 아는 사람은 많지 않다. 인사팀장 시절 입사한 신입사원들을 대상으로 자신의 적성이 무엇인지 설문조사해 보면 자신의 적성을 아는 사람은 30% 이하에 불과했다.

일반적으로 자신의 진로와 취업 목표를 어떻게 설정하는지 다음의 지침을 참고하여 여러분 자신에게 응용해보기 바란다.

1. 인생의 목표 설정

자신의 강점과 약점 및 적성, 신체적 조건, 가정 환경, 부모님의 기대감 등을 감안해서 자신의 적성과 자신의 역량을 극대화 할 수 있게끔 인생의 목표를 설정한다. 자신의 적성을 잘 모르는 경우는 MBTI 등의 성격유형검사를 통해 자신의 강약점을 알아보고, 그에 맞는 직업의 세계가 무엇인지에 대한 정보를 획득한다. 그리고 부모님은 여러분에 대해 가장 잘 아는 분들이니 함께 상의해보는 것이 도움이 된다.

2. 직종 및 업종 선택

자신의 전공과 적성, 설정된 인생 목표를 바탕으로 자신에게 적합한 직종(직무를 기준으로 분류)을 선택한다. 직종에는 기술직, 연구개발직, 기획관리직, 판매영업직, 공기업, 전문직 등이 있다.

다음으로 선택된 직종을 바탕으로 업종(산업분류상의 회사의 분류)을 선택한다. 업종에는 전기/전자/반도체, 기계/자동차/조선, 토목/건축/디자인, IT정보통신, 금융, 유통/물류/운송, 관광 등이 있다.

통상적으로 직종을 먼저 선택하고 업종을 선택하나, 업종을 먼저 선택하고 직종을 선택해도 상관없다. 예를 들면, 수학을 전공했지만 IT 분야에 관심이 있고, 응용프로그램 개발에 관심이 있다면 정보통신 업종의 개발직을 선택한다.

3. 적합한 회사를 선택한다

직종과 업종, 혹은 업종과 직종을 선택했으면 거기에 적합한 회사를 선택한다. 회사를 선택할 때는 반드시 자신의 현재 역량을 고려해서 선택해야 한다. 과거에 내가 수고한 열매의 결과가 현재이다. 과거에 내가 남보다 열심히 하지 않았는데, 현재 좋은 열매를 기대하는 것은 이치에 맞지 않는다. 지금부터 뭔가를 열심히 하게 되면, 미래의 언젠가는 반드시 좋은 결실을 맺게 되는 것이다.

필자가 말하고자 하는 것은 주변을 의식하지 말고 자신의 눈높이에 맞추어 회사를 선택하라는 것이다. 현재 중소기업에는 인재가 부족한 상황이다. 과거에 내가 준비를 덜했다면 들어갈 수 있는 중소기업을 선택해야 한다. 나의 현 수준과 역량을 고려하지 않고 중견기업과 대기업 위주로만 선택하려 한다면 당연히 좋은 결과를 기대하기 어렵다.

4. 기업에 대한 정보 수집

회사를 선택했다면 반드시 발로 뛰면서 회사에 대한 여러 가지 정보를 수집해야 한다. 회사의 비즈니스모델, 과년도 경영실적, 시장점유율, 경쟁사 현황 등 회사의 사업과 관련된 정보를 수집하고 인재상과 채용 스펙, 채용 방식, 채용 규모, 면접 방식 등 채용에 대한 정보를 구체적으로 수집해야 한다.

책상에 앉아서 인터넷을 통해 정보를 수집하는 것은 바람직하지 못하다. 인터넷에 나타난 정보는 일반적이고 마케팅 차원의 정보이기 때문에 실제적으로 취업에 도움을 주지 못한다. 제일 바람직한 것은 내가 가고자 하는 회사에 근무하는 사람과 만나서 정보를 얻는 것이다. 그 회사에 지인이 없더라도 영업사원이 영업하듯이 그 회사 직원을 만나는 시도를 해보기 바란다.

5. 입사지원서 (이력서 및 자기소개서) 작성

발로 뛰면서 수집된 정보를 바탕으로 내가 지원한 분야에 적합한 맞춤식 이력서와 자기소개서를 작성해야 한다. 일반적인 자기소개서로는 합격이 어려울 것이다.

다시 한 번 강조하지만 입사지원서를 작성하기 위해서는 지원한 회사를 여러 번 방문하고 그 회사에 근무하는 사람과 반드시 만나서 회사와 취업에 대한 정보를 얻은 후, 그 정보를 바탕으로 작성해야 한다. 많은 취업준비생들이 면접을 더 중요시 여기지만 실제적으로 면접보다 서류전형이 더 중요하다는 것을 명심하기 바란다.

6. 면접 준비 및 리허설

서류전형에 합격했으면 또 한 번 그 회사를 방문해서 면접에 대한 정보를 얻기 바란다. 어떤 사람이 면접을 보는지, 면접 형태는 어떠한지, 예상질문은 무엇인지, 면접을 위해 어떤 준비를 해야 하는지 등 그 회사 면접에 합격해서 근무하고 있는 사람을 반드시 만나야 한다.

그리고 최소 다섯 번 정도 실제 면접처럼 리허설을 하기 바란다. 동료나 선배 또는 부모님이나 형제자매들에게 면접관이 되어달라고 부탁하고 예상 질문지를 주고 모의면접을 실시한다. 그러면 면접에 대한 자신감이 생기고 면접에 당당하게 임하게 된다.

11 나는 좋은 사람인가

　　인생을 살아가면서 많은 사람을 만날 텐데 당신을 만나면 상대방이 기분이 좋아지나요? 남으로부터 좋은 사람이란 얘기를 듣나요?

　　아래 글을 참고하시어 스스로 자문자답해보시기 바랍니다. 이왕이면 세상을 살아가면서 좋은 사람 소리 들으면 참 좋겠다는 생각이 듭니다.

　　좋은 사람은……

　　좋은 사람은 남이 앞설 때 시기하지 않고 칭찬해주는 사람입니다.

　　좋은 사람은 남이 가진 것 없을 때 멸시하거나 무관심하지 않고 똑같이 소중한 존재임을 느끼게 해주는 사람입니다.

　　좋은 사람은 남이 실패할 때 웃거나 좋아하지 않고 위로와 격려를 보내는 사람입니다. 좋은 사람은 남이 슬퍼할 때 함께 슬퍼해주며 그 눈물을 닦아주는 사람입니다.

　　좋은 사람은 남이 외로워할 때 함께 외로움을 나누고 진실한 우정과 사랑을 나누는 사람입니다.

　　좋은 사람은 재물을 가졌으나 재물을 자랑하지 아니하고, 학식을 가졌으나 학식을 과시하지 않으며, 지위를 가졌으나 지위를 내세우지 않는 겸손한 사람입니다.

좋은 사람은 자신을 사랑하되, 상대방도 비등하게 사랑하려고 노력하는 사람입니다. 좋은 사람은 자신을 배려하되, 상대방도 비등하게 배려하려고 노력하는 사람입니다.

좋은 사람은 자신을 칭찬하되, 상대방을 비등하게 칭찬하려고 노력하는 사람입니다. 좋은 사람은 자신의 모든 것을 아끼듯이, 상대방의 모든 것을 아끼려고 노력하는 사람입니다.

좋은 사람은 자신을 위해 기도하듯이, 상대방을 위해 기도하려고 노력하는 사람입니다. 좋은 사람은 자신을 용서하듯이, 상대방을 용서하려고 노력하는 사람입니다.

좋은 사람은 자신의 단점을 덮고 싶듯이, 상대방의 단점을 덮으려고 노력하는 사람입니다. 좋은 사람은 자신의 장점을 인정하고 표현하듯이, 상대방의 장점을 인정하고 드러내려고 노력하는 사람입니다.

좋은 사람은 자신의 부족을 채우려고 노력하듯이, 상대방의 부족을 함께 채워주려고 노력하는 사람입니다.

이 글 읽는 여러분도 좋은 사람 중에 한 사람입니다. 부족한 부분은 조금씩 노력합시다.

12 사람들을 **감동**시키는
 열 가지 역설의 **원리**

예전에 대학교 과 동기 송년회를 의미 있게 보내기 위해 송년회 비용을 모두 보육원에 기부하고 김치 담그기 봉사활동을 한 적이 있다.

우리가 찾아간 보육원 아이들이 먹는 것은 기대 이상으로 좋고 맛이 있었다. 90명의 보육원생을 위해 전담 영양사들이 직접 관리하면서 음식을 만들고 있었다. 하지만 아이들은 왠지 모르게 사랑에 굶주려 있다는 것을 느낄 수 있었다. 그 아이들에게는 맛있는 음식보다 따뜻한 사랑이 더 절실히 필요하다는 것을 새삼 느끼게 되었다.

켄트 케이스가 말한 열 가지 역설의 원리에 대해 알고 있는가?

그의 글은 많은 성공한 사람들이 삶의 신조로 삼고 있다. 이 글을 읽어보고 나 자신도 부끄럽다는 생각이 들었다.

1. 사랑하라.

사람들은 논리적이지도 않고 이성적이지도 않다. 게다가 자기 중심적이다.

그래도 사람들을 사랑하라.

2. 착한 일을 하라.

당신이 착한 일을 하면 사람들은 다른 속셈이 있을 거라고 의심할 것이다.

그래도 착한 일을 하라.

3. 성공하라.

당신이 성공하게 되면 가짜 친구와 진짜 적들이 생길 것이다.

그래도 성공하라.

4. 착한 일을 하라.

오늘 당신이 착한 일을 해도 내일이면 사람들은 잊어버릴 것이다.

그래도 착한 일을 하라.

5. 정직하고 솔직하라.

정직하고 솔직하면 공격당하기 쉽다.

그래도 정직하고 솔직하게 살아라.

6. 크게 생각하라.

사리사욕에 눈 먼 소인배들이 큰 뜻을 품은 훌륭한 사람들을 해칠 수도 있다.

그래도 크게 생각하라.

7. 약자를 위해 분투하라.

사람들은 약자에게 호의를 베푼다. 하지만 결국에는 힘 있는 사람 편에 선다.

그래도 소수의 약자를 위해 분투하라.

8. 공들여 탑을 쌓아라.

몇 년 동안 공들여 쌓은 탑이 하루아침에 무너질 수도 있다.

그래도 탑을 쌓아라.

9. 도움이 필요한 사람을 도와라.

물에 빠진 사람을 구해주면 보따리 내놓으라고 덤빌 수도 있다.

그래도 도움이 필요한 사람을 도와라.

10. 정성껏 봉사하고 헌신하라.

젖 먹던 힘까지 다해 봉사하고 헌신해도 칭찬을 듣기는커녕 야단을 맞을 수도 있다.

그래도 봉사하고 헌신하라.

13 위대한 **변화**를 일으키는 **칭찬 노하우**

"남자는 칭찬받기 위해 태어났고, 여자는 사랑받기 위해 태어났다."

"칭찬 한 마디가 보약 한 첩과 같다."

"칭찬은 고래도 춤추게 한다."

"칭찬 한 마디가 천 냥 빚도 갚는다."

이런 말들을 많이 들어보았으리라 생각한다.

일본에서 실험한 내용을 보면, 물(water)을 보고 칭찬을 해주었을 경우 칭찬하지 않은 물보다 결정체가 더 빛이 나고 뚜렷한 육각체가 형성된다고 한다.

여러분은 하루에 몇 번 정도 칭찬을 하는가?

똑같은 칭찬을 하더라도 몇 가지 노하우를 갖춘다면 상대방을 기분 좋게 하는 것을 넘어 위대한 변화를 일으키는 데 일조할 수 있다.

1. 소유가 아닌 재능을 칭찬하라.

"넥타이가 참 멋있네요." 보다 "역시 패션 감각이 탁월하시네요." 가 낫다. 사람들이 원하는 것은 능력이다. 능력을 인정받는 순간 둔재도 천재가 된다.

2. 결과보다는 과정을 칭찬하라.

"목표 달성했다면서요." "취업했다면서요."보다는 "그동안 얼마나 피눈물 나는 노력을 했겠어요."가 더 낫다. 올라온 높이보다 헤쳐 나온 깊이를 바라보고 그 가치를 높여주는 것이다.

3. 타고난 재능보다는 의지를 칭찬하라.

"머리 하나는 타고났네요."보다 "그 성실성을 누가 따라가겠어요."가 낫다. 원석도 다듬어야 보석이 된다. 상대방의 혼을 자극하는 칭찬을 하라.

4. 나중보다는 지금 즉시 칭찬하라.

"참, 지난번에……." 하면서 과거의 일을 백번 칭찬하는 것보다 보는 즉시, 사건이 일어나는 즉시 하는 칭찬 한 번이 더 낫다. 칭찬할 때는 꼬리를 붙잡지 말고 머리를 붙잡아라. 뒤늦은 칭찬은 철 지난 옷처럼 어색할 뿐이다.

5. 큰 것보다 작은 것을 칭찬하라.

별거 아닌 일에도 "음~", "와~", "와우~"와 같은 감탄사를 해주는 것이 좋다. 짧은 반응이지만 큰 위력을 발휘한다. 물 한 방울이 모여 큰 강을 이루는 것이다. 홈런만 치려다 헛방망이질만 하게 된다. 필요할 때는 안타도 치고 번트도 해야 한다.

6. 애매모호한 것보다는 구체적으로 칭찬하라.

"참 좋은데요."보다 "선배님, 오늘 패션은 가을 분위기에 참 어울리는 걸요."가 낫다. 추상적인 이야기는 귀신도 못 알아듣는다. 상황을 구체적으로 제시하여 칭찬하라.

7. 개인적으로보다 공개적으로 칭찬하라.

혼자보다는 적어도 셋 이상의 자리에서 하는 칭찬이 낫다. 칭찬의 옥탄가를 높여라. 특히 본인이 없을 때 남긴 칭찬은 그 효용 가치가 배가 된다. 언젠가는 그 사람이 알게 되기 때문이다.

8. 말로만 그치지 말고 보상으로 칭찬하라.

"한 턱 내세요."보다 "내가 쏠게요."가 더 낫다. 그리고 진짜 쏴라. 선물도 필요하다. 언어적 수단에만 머물지 않고 물질적 보상이 따르는 순간, 명품 칭찬이 된다.

9. 객관적보다 주관적으로 칭찬하라.

"참 좋으시겠어요." 보다 동감의 뜻이 있는 "제가 다 신바람이 나더라고요."가 낫다. 또 "누구도 못 따라가겠어요."보다 "제가 스승으로 모시면 안 될까요?"로 바꾸어보라. 관계의 끈이 만들어진다. 그리고 배워라. 언젠가 나 자신도 이 세상 누군가에게 스승이 되고 멘토가 된다.

10. 남을 칭찬하는 것도 중요하지만 자신도 칭찬하라.

"훌륭했어. 정말 잘했어! 그래, 나 아니고 그 일을 누가 하나? 난 내가 자랑스럽다."라는 말을 자주 하라. 남이 나를 칭찬하기 전에 내가 나를 칭찬하라. 자신을 칭찬할 수 있는 사람만이 남을 칭찬할 수 있다. 자기 칭찬에 대해서는 팔불출이 되어도 괜찮다.

성공하는 사람은 좋은 습관을 가지고 있다. 칭찬도 습관이다.
습관은 거저 생기지 않는다. 의지적이며 반복적인 노력이 필요하다.
사명으로 하지 말고 습관적으로 취미 삼아 칭찬하자. 칭찬의 기술을 타고 태어난 사람은 없다.

<u>만나는 사람마다 한 가지씩 칭찬거리를 만들어 즉시 칭찬해줍시다! 그것이 여러분의 삶을 더 풍성하게 만들 것입니다.</u>

14 경기 **침체 속**의 **취업 전략**

경제가 어려워지면 새로운 일자리가 창출되지 않을 뿐만 아니라, 기존 기업에 있는 근로자도 구조조정으로 길거리로 나올 상황이니, 신규로 취업하고자 하는 취업준비생 및 미취업자에게는 더더욱 취업하기가 하늘의 별따기다.

얼마 전 친구의 딸이 H은행에 취업했다고 좋아하며 저녁을 근사하게 대접한 적이 있는데 예전에는 볼 수 없는 현상이다. IMF 시절 대기업 인사팀장으로 근무하면서 신규채용 예정자를 입사취소하거나 또는 2년에 걸쳐 입사시키고, 여러 차례 구조조정을 하는 등 많은 어려움을 겪었던 기억이 난다. 대부분의 사람들이 지금이 그때만큼 어렵다고 말한다.

이런 경기침체 속에서 어떻게 취업하고 어떻게 취업 준비를 해야 하는지, 여기서 일곱 가지 정도 취업 전략에 대해 언급하고자 한다.

1. 우선 미래에 대한 희망과 취업에 대한 자신감을 갖자.

짚신도 짝이 있다는데 천하와 바꿀 수 없는 귀한 존재인 당신을 필요로 하는 회사는 반드시 어딘가에 존재한다는 희망을 갖자. 개인이 갖고 있는 스펙에 따라 취업하는 회사 규모와 시기만 다를 뿐 반드시 당신은 언젠가 직업을 얻을 것이다. 이에 대해 100% 확신을 가져라.

2. "지피지기면 백전불퇴"라는 말이 있듯이 나를 정확하게 분석하자.

이번 기회에 나 자신과 주변 환경에 대해 SWOT분석을 해보자. 나의 강점이 무엇이고 약점은 무엇인지, 내가 지원하고자 하는 분야에 기회와 위협 요인은 무엇인지, 그리고 SWOT를 바탕으로 어떤 전략을 펼칠 것인지를 구상해보자. 이를 바탕으로 기회를 최대한 활용하고, 위협은 피하면서, 취업하고자 하는 곳에 이력서나 면접을 볼 때 나의 강점은 최대한 부각시키고, 나의 약점을 최소화시키는 전략을 활용하자.

3. 실패를 실패로 보지 말고 나 자신을 알아가는 하나의 실험으로 보자.

에디슨이 전구를 발명할 때 만 번 이상의 실패를 거듭했다. 그가 그 실패를 실패로 보지 않고 하나의 실험 과정으로 보았듯이, 서류전형에 실패하고 면접에 실패하더라도 실패로 보지 말고 나 자신을 알아가는 하나의 실험으로 보자. 중요한 것은 기존과 동일하게 실험을 한다면 똑같은 실험 결과가 나온다는 것이다. 실험이라는 개념이기에, 앞에서 서류전형이든 면접이든 실패한 것을 거울삼아 반드시 보완하여 다른 방법으로 시도해야 할 것이다.

4. 자신의 가치를 끊임없이 높여나가자.

미래는 준비하는 자의 것이라는 말이 있듯이 비록 지금 미취업인 상

태에 있더라도 현재의 가치에 머물지 말고 자격증을 따든가, 아르바이
트를 하든가, 각종 공모전에 참여하든가, 이력서상에 쓸 각종 스펙을 만
들어가야 한다. 인생은 마라톤과 같다. 너무 조급해하지 말자. 그렇다고
해서 아무것도 하지 않으면서 취업 준비만 하다가는 미취업 상태에서
벗어나기 어렵다. 취업을 위해 반드시 무엇인가를 시도하라.

5. 취업을 위해 취업 전문 교육과정을 최대한 활용하라.

미취업 공백 기간이 길면 길수록 취업은 어려워진다. 취업이 안 되면
정부지원 교육과정을 최대한 활용하라. 교육비 무료에 수당도 준다. 지
금 정부에서는 실업난 해소를 위해 많은 예산을 할당하고 있다.

6. 작은 회사라도 들어갈 수 있는 곳에 들어가라.

지금의 경제위기 상황에서는 내가 가고 싶은 곳, 남이 알아주는 곳,
급여복리후생 좋은 곳이 아니라 눈높이를 확 낮춰서 급여가 적더라도,
회사가 아주 작더라도 내가 갈 수 있는 회사에 들어가야 한다. 찾아보면
분명 있을 것이다. 때로는 그 회사가 미래에 황금알을 낳는 거위 회사일
수도 있다. 본인의 적성이 맞지 않더라도 최소 2년 이상은 근무하여 자
신의 몸가치를 높인 다음 원하는 곳으로 도전하자.

7. 마지막으로 인적 네트워크를 최대한 활용하라.

인생은 야구와 같다. 다른 사람의 도움이 없이는 1루에서 2루로 간다
는 것이 거의 불가능하다. 혼자만의 힘으로 취업을 준비하는 사람과 부

모, 친척, 선배, 지인의 도움을 최대한 받으면서 취업을 준비하는 사람과는 게임이 안 된다. 취업정보 획득도 마찬가지다. 자신의 이력서(자소서)를 잘 작성하여 여기저기 도움을 받도록 하라. 다른 사람의 도움을 받는 것도 하나의 능력이다.

여러분은 세상에서 하나밖에 없는 가치 있는 존재다. 반드시 여러분은 좋은 일터를 얻을 것이다. 여러분이 필요로 하는 회사가 반드시 있을 것이다. 미래에 대해 희망을 갖고 포기하지만 않는다면 좋은 결실을 거둘 것이다.

<u>여러분은 세상을 변화시키는 명품 리더입니다. 우리 모두 화이팅합시다. 화이팅!</u>

15 나도 **롤리 같은** 리더가 되고 **싶다**

뉴욕에서 사업을 하던 자니 롤리 사장은 어느 날 아침, 아무런 연락도 없이 서류를 들고 온 생면부지의 두 사람에게 회사를 빼앗겼다. 이들이 암암리에 주식을 사 모아 합법적인 절차를 통해 그의 회사를 인수해버렸던 것이다. 롤리는 직원들을 불러 모아 회사의 주인이 바뀌었음을 알렸다. 직원들은 눈물을 흘리며 그동안 자신들을 친구처럼 따뜻하게 대해준 롤리 사장의 손을 놓으려 하지 않았다. 하지만 상황은 모두 끝난 뒤였다.

그런데 놀랄 만한 사건이 일어났다. 직원들이 모조리 퇴사를 해버린 것이다. 새 주인은 깜짝 놀랐다. 아무도 없는 공장, 단 한 개의 상품도 만들어지지 않는 공장을 본 그들은 당황할 수밖에 없었다.

그들은 공장장을 찾아가 여러 가지 약속을 하면서 통사정을 했지만 소용없었다. 다급해진 새 주인들은 롤리 사장에게 도움을 요청했으나 직원들은 전 사장의 말도 듣지 않았다. 굶어 죽는 한이 있어도 비도덕적인 기업 사냥꾼들과는 일을 하지 않겠다는 답변만 돌아올 뿐이었다.

그렇게 5주일이 지나자 직원들도 당장의 끼니를 걱정할 지경이 되었다. 그러나 계속적으로 공장이 운영되지 않으니 새로운 주인들에게 타격이 더 컸다. 수입도 없이 점점 늘어가는 회사의 각종 세금과 부대비용을 견딜 수 없는 상황이 되고 말았다.

마침내 그들은 항복을 선언했고 롤리 사장은 아무 조건 없이 합법적으로 회사를 되돌려 받았다.

그는 회사가 정상화된 뒤에 이렇게 회고했다.

"과연 내가 직원들의 지극한 사랑을 받을 자격이 있는 사람인지를 되돌아보았습니다. 정말 그 친구들에게 깊이 감사하고 있습니다. 세상에 나처럼 행복한 사람이 어디 있겠습니까? 저들 모두가 나의 소중한 친구니까 말입니다."

가족도 아니고 친구도 아닌, 이윤을 추구하는 조직 내에서 직원들로부터 이렇게 인정받고 사랑받는다는 것은 결코 쉽지 않은 일이다. 직원들의 마음을 이토록 사로잡은 롤리 사장이 진정 행복하고 대단하다는 생각이 든다.

필자의 경우 대기업에 근무하다가 IT 교육사업본부를 별도로 독립하여 CEO가 된 지 10년이 흘렀다. 그동안 아픔도 많았다. 작은 기업에서 임직원들과 모두 한마음으로 팀워크를 이루어 사업을 한다는 것은 결코 쉬운 일이 아니었다. 내가 믿었던 직원이 퇴사를 할 때면 몹시 힘들었고 그들이 원망스럽기도 했다.

여러 가지 처한 환경도 다르고 나름대로 이유가 있겠지만 롤리 사장의 경우와 비교해보면 나 자신의 부족함을 많이 느낀다.

앞으로 어떻게 해야 롤리 사장과 같은 리더가 될 수 있을까 곰곰이 생각해본다.

16 작은 것이라도 베풀고, 받은 것에는 감사하자

프랑스 소년 사관학교 앞에는 사과 가게가 하나 있었다. 휴식시간이 되면 학생들은 그곳에 가서 사과를 사 먹곤 했다.

그런데 휴식을 취하러 나온 생도들 중에서 친구들과 좀 떨어진 곳에 혼자 서 있는 학생이 있었다. 사과 가게의 주인 아주머니는 그 학생이 돈이 없어서 사과를 못 사 먹는다는 사실을 알고 있었다.

"학생, 이리 와요. 사과 하나 줄 테니 와서 먹어요."

가게의 여주인은 그 학생의 심정을 이해하고 만날 때마다 불러서 사과 하나씩을 주었다.

그 뒤 30년이라는 긴 세월이 흘렀다. 사과 가게 여주인은 그 사이 허리가 구부러진 할머니가 되었지만, 여전히 그 자리에서 사과를 팔고 있었다.

어느 날, 고급장교 한 사람이 가게를 찾아왔다.

"할머니, 사과 한 개만 주세요."

장교는 사과를 맛있게 먹으면서 말했다.

"할머니, 이 사과 맛이 참 좋습니다."

할머니는 빙그레 웃으며 그 장교에게 앉으라고 권했다.

"군인 양반, 자랑 같지만 지금의 황제이신 나폴레옹 황제께서도 소년 사관학교 시절에 우리 가게에서 가끔 사과를 사서 그렇게 맛있게 드셨지요. 벌써 30년이나 지난 이야기지만……."

"제가 듣기로는, 그때 가난했던 그 학생은 늘 할머니께서 사과를 그냥 주어서 맛있게 먹었다고 하던데요."

이 말을 들은 할머니는 펄쩍 뛰면서,

"아닙니다. 그건 군인 양반이 잘못 들은 거예요. 그때 그 학생은 돈을 내고 사 먹었어요. 한 번도 그냥 얻어먹은 경우는 없었답니다."

할머니는 나폴레옹 황제가 소년 시절에 겪은 어려웠던 일들이 사람들 입에 오르내리는 것이 싫은 듯 이렇게 극구 부인했다.

그러자 장교는 다시 물었다.

"할머니는 지금도 황제의 소년 시절을 기억하고 계십니까?"

할머니는 조용히 고개를 옆으로 저으면서 먼 하늘을 바라보았다. 가난했던 그 학생에게 동정을 베풀었던 옛날의 추억을 더듬는 듯했다.

이때 장교가 갑자기 먹던 사과를 의자에 놓고 일어나 할머니의 손을 꽉 잡았다.

"할머니, 제가 바로 나폴레옹입니다."

할머니는 깜짝 놀라 장교를 쳐다보았다.

"제가 30년 전에 돈이 없어서 사과를 사 먹지 못할 때 할머니께서 가끔 저에게 사과를 주신 바로 그 소년입니다. 그때의 사과 맛은 지금도 잊지 못하고 있습니다. 전 그때 그 사과를 먹으면서 언젠가는 할머니의 은혜를 꼭 갚겠다고 몇 번이고 다짐을 했습니다.”

나폴레옹에게 두 손을 잡힌 채 어찌할 줄을 모르는 할머니의 눈에서는 어느새 눈물이 흐르고 있었다. 나폴레옹 황제는 금화가 가득 들어 있는 주머니를 할머니 손에 쥐여주면서 말했다.
“할머니, 이것은 저의 얼굴이 새겨진 금화입니다. 이 돈을 쓰실 때마다 저를 생각해주십시오. 정말 고마웠습니다, 할머니.”

‘나폴레옹과 사과’ 에 관한 실화이다.
“내가 남에게 베푼 은혜는 잊어버리고 남이 나에게 베푼 은혜는 잊지 말라.” “원수는 물에 새기고, 은혜는 돌에 새겨라.”라는 말이 있듯이 지극히 작은 것이라도 도움을 필요로 하는 사람에게 도움의 손길을 내미는 우리가 되었으면 한다.
또 누군가 나에게 베풀어준 작은 은혜라도 기억하여 감사의 마음을 표현하기 바란다.

17 편견을 버리고 사물을 있는 그대로 보라

사람들은 똑같은 사물과 사건도 자신이 갖고 있는 지식과 경험, 고향, 가치관 등에 따라 다르게 해석한다.

"제 눈에 안경." "미우면 걸음걸이도 미워 보인다." "사랑하면 곰보도 보조개로 보인다." "고슴도치도 제 새끼는 예뻐 보인다." "미운 놈은 그 사돈까지 밉다."라는 말들이 있지 않은가.

사물을 있는 그대로 보는 사람은 드물다. 좋은 대상에게는 무지개색을 칠하고, 싫은 대상에게는 검은색을 칠한다.

그러나 색을 칠하고서 바라보는 대상은 있는 그대로의 대상이 아니다.

미국의 유명한 경영 컨설턴트이자 《성공하는 사람들의 7가지 습관》의 저자인 스티븐 코비 박사의 일화를 소개한다.

어느 날 코비가 뉴욕의 지하철을 타고 가다가 아주 시끄럽게 구는 아이를 보게 되었다. 그러나 아이들의 아버지로 보이는 남자는 공중도덕에는 조금도 마음을 쓰지 않고 고개를 푹 숙인 채 눈을 감고만 있었다. 코비가 남자에게 말했다.

"여보세요, 아이들을 어떻게 해보시는 게 좋지 않겠소?"

그제서야 남자는 숙였던 고개를 들고 코비를 쳐다보았다. 그는 힘없이 고개를 끄덕이며,

"당신 말이 맞군요. 정말 미안합니다." 하더니 눈물이 글썽이는 눈으로 코비를 바라보며 말하는 것이었다.

"하지만 저는 지금 무엇을 어떻게 해야 할지 모르겠습니다. 한 시간 전에 저 아이들의 엄마가 죽었거든요. 저는 지금 눈앞이 캄캄할 뿐입니다."

그 말을 듣고 난 이후 코비에게는 그 남자와 아이들이 전혀 다르게 보이기 시작했다. 지금까지 그 남자는 교양이라곤 없는 사람이었지만 이제 그는 아내에 대한 애정이 깊은 남편으로 보이게 되었고, 지금까지 버릇없고 막돼먹은 것으로 보였던 아이들은 엄마를 잃은 가엾은 천사로 보이게 되었던 것이다. (김정빈,《리더의 아침을 여는 책》에서 사례 인용)

필자가 대학에서 진로 컨설팅 관련 강의를 할 때 가끔 인용하는 사례가 있다.

고등학생 자녀가 문제를 몰라 엄마에게 물어보면, 엄마들은 잘 모를 경우 어디에 사느냐에 따라 다르게 반응한다고 한다.

학구열이 대단한 대치동 엄마의 경우는 "내가 내일 학원 가서 배워 와서 가르쳐줄게."라고 답하는 반면, 유학을 상대적으로 많이 보내는 압구정동 엄마는 "음~ 이제 너도 유학 갈 때가 되었구나."라고 반응하고,

땅부자가 많이 사는 동부이천동 엄마는 창문을 열고서 "저기 보이는 집도 우리 집이고 저기 보이는 땅도 우리 땅이다. 머리 싸매고 힘들게 공부할 필요가 없다. 재테크만 잘해도 사는 데 전혀 문제가 없다."라고 반응한다 하며, 전문가들이 많이 사는 반포동 엄마는 "저녁에 아빠가 오면 물어봐."라고 말한다고 한다.

어느 것이 정답인지 알 수 없지만 똑같은 상황을 보고 사는 동네에 따라 사건을 다르게 해석하고 반응하는 것이다.

똑같은 사람이라도 검정색 벤츠를 탔을 때와 경차인 티코를 탔을 때 그 사람에 대한 판단이 다를 것이고, 멋진 양복을 입었을 때와 허름한 평상복을 입었을 때도 다르게 평가할 것이다. 사람이기에 어쩔 수 없지만 가능하면 있는 그대로 바라보는 순수한 눈을 가지려 노력해야 한다.

우리는 사물을 객관적으로 보지 못하고 상대방이 처한 상황을 고려하지 않고 단지 내가 경험하고 알고 있는 지식으로 상황을 인식하고 평가하게 된다.

그러나 과거의 경험과 지식에 의하지 않고 사물을 있는 그대로 바라보자. 과거를 잊고 매 순간을 새롭고 순수하게 맞이하자.

마음이 모든 것을 결정하는 만큼 마음을 순수하게 비워두자.

18 먼저 나를 좋아하게 **만들어라**

우리나라는 "새해 복 많이 받으세요~"라는 인사를 신정인 1월 1일 전후와 구정 전후 등 통산 네 번이나 받는다. 우리는 다른 나라에 비해 복을 많이 주고 복을 많이 받는 나라이다. 그런데 남으로부터 호감을 얻어 복 받는 사람이 되기 위해서는 먼저 상대방이 나를 좋아하게 만들어야 한다.

심리학자 로지는 두 집단의 대학생들에게 다음의 문장을 말해주고 그에 대한 찬반 의견을 물었다.

"약간의 반란은 좋은 것이며, 자연계에 폭풍이 필요한 것처럼(폭풍이 해안을 깨끗하게 하고 바다와 강물을 정화하기 때문에) 정치계에서도 반란은 필요하다는 것을 인정한다."

그리고 한 집단에게는 그 문장이 미국의 제3대 대통령 토머스 제퍼슨의 말이라고 알려주고, 다른 집단에게는 러시아 공산주의 혁명가 레닌의 말이라고 알려주었다.

이 두 집단의 반응이 어땠을까?

똑같은 내용을 들었지만 반응은 완전히 달랐다.

토머스 제퍼슨이 한 말이라고 알려준 집단은 위의 문장에 찬성을 나타냈고, 레닌이 한 말이라고 알려준 집단은 위의 문장에 반대 의사를 표했다.

같은 문장임에도 불구하고 반응이 다르게 나타난 이유는 무엇일까?

똑같은 말이라도 사람에 따라 다르게 평가되기 때문이다.

즉 토머스 제퍼슨에 대한 긍정적인 감정이 그가 한 말을 긍정적으로 평가하게 한 반면, 레닌에 대한 부정적인 감정이 그 메시지까지도 부정적으로 평가하게 만든 것이다.

그렇다. 상대방을 설득하고 상대방으로부터 좋은 결과를 얻기 위해서는 논리적인 설명보다 더 중요한 것이 상대가 나에게 호감을 갖고 나를 좋아하게 만드는 것이다. 사람들은 자기가 좋아하는 사람의 말은 좋게 생각하고 자기가 싫어하는 사람의 말은 나쁘게 생각한다. 왜냐하면 사람들은 제한된 범위 안에서만 이성적으로 판단하는 경향이 있고, 모든 정보는 각자의 이성이 아닌 감정에 따라 주관적으로 해석되기 때문이다.

고객, 면접관, 상사, 팀원, 자녀 등 누군가를 설득할 때는 그들의 호감을 끌어내는 것보다 중요한 것은 없다.

고객을 설득하고 싶은가? 면접관으로부터 좋은 결과를 얻고 싶은가? 상사로부터 인정받고 싶은가? 팀원들이 나를 따르게 하고 싶은가? 자녀를 변화시키고 싶은가? 그렇다면 논리적인 말에 앞서 그들에게서 호감을 끌어내기 위해 무엇을 할 수 있을지 생각해보아야 한다.

나를 좋아하게 되면 나를 따라온다. 나를 싫어하게 되면 나를 따라오지 않는다.

19 사람들의 **호감**을 얻는 **여덟** 가지 **화제**

비즈니스 세계나 자신이 속한 모든 조직에서 혼자서는 일을 잘 해낼 수 없다. 인생에서 성공한 사람들의 공통점은 다른 사람의 도움을 받아서 성공을 이루었다는 것이다. 결국 인생에서 상대방의 관심과 호감을 사지 않고서는 성공할 수 없다. 처음 만난 두 사람이 서로에게 기대감이 형성되면 좋은 인간관계가 유지되고, 반면에 아무런 기대감이 형성되지 않으면 인간관계는 계속 유지되기 어렵다.

그렇다면 처음 만난 사람에게 기대감을 형성시키기 위해 관심을 가져야 할 여덟 가지 주제에 대해 생각해보자.

1. 일

사람은 자신이 하고 있는 일에 도움을 줄 수 있는 사람에게 기대감이 형성된다. 필자의 경우는 기업 인사/교육 담당자나 취업을 희망하는 사람, 그리고 대학교 경력개발 담당 선생님을 만나면 기대감이 형성된다. 서로 도움을 주고 도움을 받을 수 있기 때문이다. 다른 사람을 만날 때는 상대방이 어떤 일을 하는지 관심을 갖고 내가 도움을 줄 수 있는 부분을 찾아서 이야기하도록 하자.

2. 취미

사람은 자신이 좋아하는 취미에 도움을 줄 수 있는 사람을 만나면 기대감이 형성된다. 필자는 독서와 운동(등산, 자전거, 골프 등)을 좋아한다. 따라서 좋은 책을 소개해주거나 책을 선물 받으면 기분이 좋고, 운동을 같이 하자고 해도 기분이 좋다. 그런 사람을 만나면 기대감이 형성된다. 상대방의 취미가 무엇인지 확인하여 내가 도움을 줄 수 있는 부분을 찾아서 이야기하자.

3. 돈(재테크)

사람은 돈을 벌게 해줄 수 있는 사람을 만나면 기대감이 형성된다. 투자에 대한 정보나 좋은 사업에 대한 정보를 줄 수 있는 사람을 만나면 기대감이 형성되는 것이다. 나도 재테크에 성공하고 나로 인해 재테크에 성공하는 사람이 많이 나왔으면 좋겠다.

4. 건강

사람은 자신의 건강에 도움을 주는 사람을 만나면 기대감이 형성된다. 건강 관련된 일에 종사하거나 건강 관련된 정보가 많은 사람을 만나면 기대감이 형성되게 되어 있다. 얼마 전 친구가 비타민 C를 갖고 와서 효능을 이야기하며 먹어보라고 했다. 필자는 그 친구를 만나면 기분이 좋다. 상대방의 건강, 신체적 상황에 관심을 갖고 도움을 줄 수 있는 요소를 찾아보자.

5. 가족

사람은 내 가족에게 도움을 줄 수 있는 사람을 만나면 기대감이 형성된다. 자녀의 교육 문제, 진학, 유학, 취업, 미혼 자녀의 결혼 등 여러 형태의 도움을 필요로 할 수 있다. 필자의 경우는 막내딸이 커뮤니티 아트 작가의 꿈을 가지고 있어 이에 관련된 분야에 종사하는 사람을 만나면 기대감이 형성된다. 다른 사람을 만나면 그 사람의 가족에게 관심을 갖고 어떤 도움을 줄 수 있는지 찾아서 이야기하도록 하자.

6. 생리적 욕구

사람은 생리적 욕구를 충족시켜 줄 수 있는 사람에게 기대감이 형성된다. 가장 일반적인 욕구는 식욕이다. 먹는 것, 보는 것, 듣는 것, 맡는 것, 느끼는 것 등에서 원초적인 기쁨이나 즐거움을 제공해줄 수 있는 사람에게는 기대감이 형성된다. 식도락가를 만나면 기대감이 형성되고, 좋은 음식점을 소개받으면 기분이 좋다. 다른 사람을 만나면 그 사람의 생리적 욕구를 충족시켜 줄 수 있는 부분을 찾아서 이야기하자.

7. 관심 사항

사람은 나의 관심 사항에서 도움을 받을 수 있는 사람에게 기대감이 형성된다. 필자의 관심 사항은 30년 국내 최고의 IT 전문 교육기관인 쌍용교육센터가 세계로 뻗어가는 것, IT 취업 전문과정 수료생들이 100% 취업하는 것, 국내 최강의 IT 전문 취업 포털사이트를 운영하는 것 등이다. 누군가 이런 일에 도움을 줄 수 있는 사람을 만나면 기대감이 형성

될 것이다. 다른 사람을 만나면 그 사람이 관심을 가지고 있는 일이 무엇인지 알아보고 도움을 줄 수 있는 부분을 찾아서 이야기해보자.

8. 목표(꿈)

사람은 자신의 목표(꿈)에 도움을 줄 수 있는 사람을 만나면 기대감이 형성된다. 필자의 목표 중 한 가지는 책을 출간하는 것이었다. 그래서 책을 쓸 사람을 만나면 그 사람의 꿈, 목표에 관심을 갖고 도움을 줄 수 있는 부분을 찾아서 이야기하자.

20 상처를 덜 주는
효과적인 비판과 그림자 **칭찬**

우리는 칭찬보다 남을 쉽게 비판하는 경향이 있다.

칭찬은 보약 한 첩을 선물 주는 것과 같고 비판은 상대방에게 스트레스 열 첩을 주는 것과 같다. 여자에게도 마찬가지이겠지만 이는 남자가 훨씬 더 강한데 "남자는 남으로부터 인정받기 위해, 남으로부터 칭찬받기 위해 태어났다."라는 말도 있다. 한 마디의 칭찬이 남을 살리기도 하고 단 한 마디의 비판이 죽음으로 몰고 가기도 한다.

보스턴 대학에서 대학생들을 대상으로 창조성 테스트를 한다며 설문지를 나누어주었다. 그리고 절반의 학생들에게는 "당신은 대단히 우수한 두뇌의 소유자"라고 피드백을 주고, 나머지 학생들에게는 "당신의 지성은 평균치 이하"라고 피드백을 주었다. 물론 이 피드백은 실험을 위해 조작된 것이었다.

그런 다음 이어서 설문조사를 했는데, 그 질문은 "미성년자라도 나쁜 짓을 하면 사형에 처할 수 있는가?"라는 것이었다. 양 집단에서 어떤 대답이 나왔을까? 이 질문에 대해 '평균 이하'라고 피드백을 받은 집단이 '우수하다'라고 한 집단보다 거의 세 배 이상의 찬성표가 나왔다. '평균

이하'라고 평가받은 집단은 내심 화가 났고, 부정적이고 공격적으로 의사 표현을 하게 되었던 것이다.

상기의 예에서 보듯이 상대를 비판할 때는 작은 부분에도 세심한 노력을 기울여야 한다. 우선 비판하기에 앞서 "너는 다 좋다. 그런데 한 가지 말이지……."라는 식으로 긍정적인 면을 격려해야 한다. 비판의 목적은 내 감정을 푸는 것이 아니라 상대가 받아들이고 고쳐나가길 바라는 것이다.

경영의 신으로 알려진 마쓰시타 고노스케 회장의 일화를 소개한다.

산요전기 부사장이었던 고토다 씨가 마쓰시타 회장의 부하직원으로 있을 때였다. 어느 날 마쓰시타 회장이 고토다 씨의 작은 실수를 크게 꾸짖으면서 난롯불을 지피는 쇠막대기로 마룻바닥을 세게 내리쳤다. 그리고 풀이 죽어 돌아서는 고토다 씨에게 이렇게 말했다.

"화가 나서 내리쳤더니 그만 쇠막대기가 이렇게 구부러졌네. 이것 좀 바로 펴놓고 가지 않겠어?"

고토다 씨가 그것을 망치로 겨우 펴자 마쓰시타 회장이 말했다.

"잘되었어. 전보다 잘되었어. 자네 참 쓸모가 많은 사람이군."

고토다 씨의 마음이 어떠했을까?

이처럼 아무리 호되게 꾸짖더라도 마지막에는 어떤 일이라도 생각해 내어 상대를 칭찬하는 기술이 필요하다. 마쓰시타가 성공할 수 있었던 것도 이러한 칭찬의 위력이 일조했으리라 본다.

칭찬을 할 때는 처음부터 끝까지 상대방을 칭찬하는 것보다, 처음에는 상대방을 약간 깎아내리는 듯하다가 칭찬하는 것이 더 효과적이라고 한다.

"너는 제멋대로이고, 고분고분하지도 않고, 마음대로지만, 일하는 것은 참으로 똑 소리 나더군."

이런 식으로 말이다.

다음으로 칭찬의 기술 가운데 '그림자 칭찬' 이라는 것이 있다.

직접적으로 칭찬하는 것이 아니라 "누군가 그러더군. 자네는 꼭 크게 될 사람이라고."와 같이 간접화법으로 칭찬하는 것이다.

"사장님이 그러셨는데 오늘 장 대리 기획서 작성이 아주 훌륭했다면서?"

"우리 전무님이, 당신 인상이 너무 좋대요."

"직원들 사이에서 팀장님 인기가 보통이 아니던데요."

말하는 사람의 의견은 별로 반영된 것 같지 않지만, 실제 듣는 사람은 그런 말을 했다는 당사자보다 전하는 사람에게 큰 호의를 느끼게 된다.

조직에서든 가정에서든 일상을 살아가면서 우리는 칭찬과 비판을 늘 하게 마련이다. 칭찬받기 싫어하는 사람은 없다. 반대로 비판받기 좋아하는 사람도 없다. 이 글을 읽은 독자 여러분은 남을 비판하는 것을 최대한 삼가고, 비판을 하더라도 반드시 칭찬할 거리를 찾아서 하기 바란다.

<u>그리고 어떠한 칭찬이라도 보약 한 첩 이상의 효과가 있다는 것을 잊지 말기 바란다.</u>

21 이력서(자소서)는 손이 아닌 **발로 써라**

취업난이 심각하다. 취업 성공을 위한 첫 관문인 성공적인 이력서(자소서) 작성법에 대해 언급하고자 한다.

그 기업에 맞는 맞춤형 이력서(자소서)를 쓰기 위해서는 손이 아닌 발로 써야 한다고 강조하고 싶다. 우리가 각종 신문과 방송, 취업 커뮤니티, 기업 홈페이지, 사보, 직무 관련 동호회, 개인 인맥 등 그 기업의 정보를 얻는 통로는 무수히 많다. 책상에 앉아서 인터넷과 매체를 통한 정보만으로 자소서를 쓰는 사람과 그 기업에 근무하는 사람과 만나 정확한 채용 정보를 갖고 작성하는 사람은 경쟁력에서 당연히 차이가 날 것이다. 80/20 법칙에 근거하여 열 개 회사에 이력서(자소서)를 쓴다면 시간의 제약이 있기에 열 곳에 다 발로 뛰기는 어려울 것이다. 최소 두 곳은 발로 뛰어 그 기업의 기업문화, 인재상, 모집 분야의 직무 요건 등을 정확히 파악해 자소서에 반영하는 것이 절대적으로 필요하다.

수집된 정보를 바탕으로 그 기업에 맞춘 이력서 및 자기소개서 작성을 위한 기본 원칙을 몇 가지 소개해보겠다.

1. 마케팅 관점으로 접근하라

신입사원을 채용할 때는 실무능력과 함께 인성(도덕성)도 매우 중요시한다. 최근 압박 면접과 스트레스 면접, 호프 면접, 등산 면접, 식사 면접은 모두 이러한 인성을 테스트하기 위한 면접 수단이다. 독불장군식 지원자는 아무리 업무능력이 뛰어나다고 해도 꺼리기 마련이다. 자기 자랑식 접근보다는 자신을 상품화해 고객에게 판매한다는 마케팅 기법으로 접근해야 한다. 강점을 부각시키고 약점은 최대한 드러내지 않는 지혜도 필요하다.

2. 구체적인 경험을 토대로 작성하라

단순 나열식보다는 지원 분야와 관련된 프로젝트 수행 경험과 어려운 프로젝트 완성 방법 등 구체적인 경험을 토대로 작성하는 것이 좋다. 프로젝트를 어떤 조직에서 운영했는지, 그 안에서 어떤 역할을 했는지 솔직하면서도 구체적으로 담아내는 노력이 필요하다.

3. 자기 이야기를 담아내라

남과 비슷한 자기소개서는 인사 담당자의 눈길을 잡을 수가 없다. 독특하고 생생한 이야기가 담긴 자기소개서만이 서류전형 관문을 통과할 수 있다. 이를 위해서는 전공 선택 계기와 관심 있게 공부한 내용, 해당 업종·기업·직무에 관심을 갖게 된 이유, 그동안 준비한 사항을 전략적으로 배치해야 한다. 덧붙여 성장 과정과 성격, 학창시절 등 주변적 이야기를 나열할 때도 반드시 지원 분야와 연관 지어야 한다.

4. 객관적이고 구체적인 단어를 사용하라

"최선을", "열심히", "열정을 다해" 등 막연하고 상투적인 말은 삼가고 구체적 목표를 제시해야 한다. 실제로 경험한 내용을 언급하고 숫자 등 구체적인 자료를 활용하는 것이 효과적인 방법이다. 아직도 이력서(자소서)에 "채용만 해주신다면 청춘과 나의 열정을 쏟아 붓겠다."와 같은 구걸형과 추상적인 표현을 쓰는 경우가 있는데, 구걸형은 과감히 피하고 준비된 신입사원으로서 꼭 필요한 인재임을 당당하게 언급해야 한다.

5. 장황하게 나열하지 말고 핵심만 요약 정리하라

업무 수행 경험과 수상 실적이 많다고 이를 장황하게 늘어놓는 것은 금물이다. 여러 장에 걸친 화려한 자소서는 서류전형 담당자나 면접관에게 혼란이나 부담을 줄 수 있다. 자기소개서 한두 쪽 분량으로 요약하는 것이 적당하다. 지원 분야와 관련된 경력은 상세히 기술하고 지원 분야와 무관한 경력은 과감히 삭제하는 것도 필요하다.

이력서(자소서)는 한 번으로 끝나지 않을 것이다. 많게는 백 번 이상 이력서(자소서)를 작성하는 경우도 있으리라 본다. 어떤 회사에 이력서(자소서)를 냈는데 불합격했을 경우 그 이력서(자소서)를 약간만 수정해서 다른 회사에 그대로 제출하는 경우가 있는데, 반드시 왜 불합격했는지 원인을 분석해서 이력서(자소서)에 반영해야 한다. 그것이 합격률을 높이는 지름길이다. 이력서(자소서) 실패뿐 아니라 모든 사건에서도 결코 실패를 두려워하지 말자! 우리 인생에서 실패는 성공을 위한 하나의 과정일 뿐이다.

22 취업 경쟁에서 이기기 위한 전략 마인드 (1)

취업, 출구는 있다.

취업을 앞둔 이들에게 인생은 시원하게 뚫린 대로가 아니다.

때로는 길을 잃고 막다른 길에서 좌절하기도 하는 미로와도 같다.

미로에서 길을 잃었다고 고개를 떨군 이들이여, 어디에든 출구는 있다. 한쪽 문이 닫히면 닫힌 문을 보고 한탄할 것이 아니라 열려 있는 다른 쪽을 찾으면 된다.

온 세상에 넘쳐나는 것이 취업 정보이지만 그중 하나라도 자기 것으로 만들 줄 아는 이들이라면 끝없이 이어질 것 같은 미로라 할지라도 남보다 먼저 출구를 찾을 것이다.

취업을 위해서는 전략적 마인드가 필요하다. 전략적 마인드를 가진 사람과 그렇지 않은 사람이 게임을 한다면 당연히 전략적 마인드를 가진 사람이 승리할 것이다.

그 예로서 손자병법 중 전기의 경마 이야기가 있다.

전기라는 장군과 제왕이 기사경주(네 마리 말이 끄는 수레를 한 조로 하여 3조의 수레가 각각 한 번씩 시합하여 그중 많이 이기는 자가 승리하는 경기)를 할 때마다 번번이 전기 장군이 패하였다. 이에 손빈이라는 전략가가 전기 장군에게 전략적 마인드를 심어주자 장군은 기사경주에서 승리를 거두게 되었다.

손빈이 전기 장군에게 알려준 전략이란 다음과 같은 것이었다.

"3조의 수레를 3등급으로 나누어, 상대방이 상등 수레를 출전시킬 때 하등 수레를 내보내고, 상대방이 중등 수레를 출전시킬 때는 상등 수레를 내보내고, 상대방이 하등 수레를 출전시킬 때 중등 수레를 출전시킨다면 언제든지 2대 1로 승리하게 될 것입니다."

전략이란 한마디로 경쟁에서 이기는 방법이다. 즉 목표를 달성하기 위한 계획을 수립하고 자원(사람, 시간, 돈, 자재 등)을 배분하는 것을 말한다.

취업 전략이란 경쟁(취업)에서 이기기 위해 그 기업에서 필요로 하는 장점을 최대한 부각시키고 자신의 단점을 최대한 감추는 것이다. 그러기 위해서는 먼저 기업에서 어떠한 직무에 어떠한 자격을 갖춘 사람을 채용하는지에 대한 정보를 입수해야 한다. 인터넷이나 매스컴에서 언급된 것은 개략적인 정보에 불과하므로 취업을 희망하는 기업의 담당자를 만나 정확한 정보를 얻어야 한다.

다음으로는 직무 자격 요건을 분석하면서 자신의 경험과 지식, 능력 등을 감안하여 자신의 강점과 약점을 분석해 이력서 작성에서부터 면접까지 일관성 있게 전략을 구사해야 한다. 지원 직무와 관련된 역량은 최대한 부각시키고 지원 직무와 무관하거나 도움이 되지 않는 부분은 가급적 언급을 피해야 한다(당연히 면접자는 그 약점을 찾으려고 노력하겠지만).

얼마 전 S사 면접에서 1차 면접(팀장 위주의 실무 면접)에서는 A등급을 받았지만 2차 면접(임원 위주의 인성 면접)에서 C를 받아 불합격한 사례가 있었다.

그는 2차 면접에서 "1, 2학년 때 성적이 왜 이렇게 나쁜가?"라는 질문을 받았다. 이에 대해 그는 "한총련 활동을 하다가 공부를 등한시하게 되었고 2학년 2학기부터는 한총련 활동을 그만두고 다시 공부를 했습니다."라고 대답했다.

그 당시 회사는 노사 문제가 민감한 시점이었고, 면접관은 그가 입사하면 혹시 노조 활동을 하는 것이 아닌가 하며, 문제가 될 수 있겠다고 판단하여 그에게 C 점수를 주었다.

자신은 솔직하게 답변했다지만 기업 입장에서 보면 상대방이 스스로 약점을 부각시킨 꼴이 되어 결국 경쟁에서 지고 만 것이다.

최근 이력서(자소서)나 면접에서 지원자의 약점을 스스로 드러내는 경우들이 있다.

"저는 가난한 집안에서 태어났지만……."

"제가 현재는 기술과 능력이 부족하지만……."

"어린 시절 편모슬하에서 자랐지만……."

"상사와 성격이 맞지 않아서 회사를 이직하여……."

출구를 찾고 있는 취업 준비생이라면, 먼저 기업의 취업 정보(특히 지원 직무 관련 정보)와 기업 환경 분석을 바탕으로 자신의 장점과 약점을 분석한 후에, 이를 이력서(자소서)에 반영하고 면접에 임하기 바란다. 그러면 남보다 빨리 출구를 찾을 수 있을 것이다.

그리고 지금 취업을 준비하는 기간도 인생에서 결코 헛되지 않은 시간이다.

계절의 원리처럼 겨울이 지나면 봄이 오고, 밤이 지나면 새벽이 오고, 비바람이 몰아친 후 맑은 날씨가 오듯 출구 찾기를 포기해서는 안 된다. 여러분은 반드시 취업을 하고 성공할 것이다. 현재는 성공을 위한 하나의 과정일 뿐이다.

이 글을 읽는 모든 분들, 정상에서 만납시다!

23 취업 경쟁에서 이기기 위한 전략 마인드 (2)

여러분에게 열 명의 배우자 후보가 있는데 만날 시간이 열 시간밖에 없다고 해보자. 그렇다면 여러분은 시간 안배를 어떻게 하겠는가?

쉽게 생각해서 한 명에 한 시간씩 할당하여 만난 다음 최적의 배우자를 선택할 수도 있다. 하지만 이렇게 생각했다면, 그런 사람은 전략적 마인드를 가지고 있다고 할 수 없다.

고등학생에게 똑같은 질문을 해보았더니, 10분씩 개략적으로 만나본 후 괜찮다고 생각하는 사람 두세 명을 선정한 다음에 좀 더 많은 시간을 두고 만나서 가장 마음에 드는 사람을 선택하겠다고 대답했다.

자, 그렇다면 성공적인 취업을 위한 80/20 법칙은 무엇일까?

80/20 법칙은 지금으로부터 100여 년 전 이탈리아의 경제학자 빌프레도 파레토(Vilfredo Pareto, 1848~1923)가 처음 발견했다.

이후 '파레토의 법칙', '파레토의 원리', '80/20 규칙', '최소 노력의 원리', '불균형의 원리' 등 다양한 이름으로 불리게 되었다. 파레토가 영국의 부와 소득의 유형을 연구하던 중 전 인구의 20%가 전체 부의 80%를 차지하고, 10% 인구가 65%의 부를, 5% 인구가 50%의 부를 차지하고 있음을 발견했다. 그리고 어느 나라의 자료를 조사해보아도 비슷한 결과가 나타났다.

80/20 법칙이란 노력, 투입량, 원인의 작은 부분이 대부분의 성과, 산출량, 결과를 이루어낸다는 법칙이다. 조직에서 이룬 성과의 80%는 그 일을 위해 투자한 전체 시간의 불과 20%에 의해 성취된다. 비즈니스 측면에서도 전체 상품 중 20% 상품에서 전체 매출액의 80%가 나오며, 전체 고객의 20%가 전체 매출액의 80%를 구매한다. 고객 불만에서도 전체 고객의 20%가 전체 불만의 80%를 차지하고 있다. 사회적으로 보면 범죄자의 20%가 전체 범죄의 80%에 해당하는 범죄를 저지르며, 전체 운전자의 20%가 80%의 교통사고를 일으킨다.

우리에게는 자원과 시간이 제한되어 있기에 80/20 법칙을 적용하는 기업(사람)과 그렇지 않은 기업(사람)은 경쟁력에 있어 많은 차이를 보일 것이다.

그럼 실제로 어떻게 80/20 법칙을 적용할 것인가?

여러분에게 100명의 고객을 관리하라고 했을 경우 어떻게 하겠는가? 모든 고객에게 똑같은 시간을 할당해서 관리하는 사람과 매출의 80%을 차지하는 20%의 고객을 집중 관리하는 사람이 있을 경우, 누가 관리를 더 잘했다고 볼 것인가? 80/20 법칙은 실제 조직에서나 인간관계, 개인 업무, 사회 전반에 걸쳐 적용이 미치지 않는 분야가 없다.

그러면 취업에서 80/20 법칙을 어떻게 적용할 것인가? 요즘 같이 취업이 어려운 시기에는 여러 곳에 지원서를 내기 마련이다. 이력서(자소서)를 작성하기 위해서는 그 기업의 기업 문화, 재무 정보, 사업 모델, 인재상, 채용 스펙(자격 요건) 등 각종 정보를 조사해 이력서(자소서)에 반영하고 면접에도 활용해야 한다.

만약 여러분이 열 개의 회사에 이력서(자소서)를 낼 경우 시간을 어떻게 할당해서 채용 정보를 조사하고 성공적인 이력서(자소서)를 쓸 수 있겠는가?

우선 가고 싶은 회사 한 곳과 취업 경쟁력이 있는 한 곳, 즉 두 곳을 집중적으로 조사해서 지원 직무에 관련된 나의 역량을 최대한 반영해 이력서를 작성하고, 나머지 여덟 개 회사에는 일반적인 이력서(자소서)를 작성해서 제출하라. 또한 두 개의 회사에 대해서는 채용 담당자나 그 회사에 다니는 선배도 만나 채용 정보를 적극적으로 수집하여 이력서(자소서)와 면접 시 최대한 활용하라.

80/20 법칙을 적용하지 않고 열 개 회사에 동일한 노력을 쏟아 부은 사람과 80/20 법칙을 적용한 사람, 이력서(자소서)와 면접에서 과연 누가 경쟁력이 있겠는가?

결과는 당연하다고 본다. 대부분의 사람들이 알고 있는 법칙이지만 취업 전략에 적용할 경우 엄청난 효과를 보리라 확신한다. 성공적인 취업에 80/20 법칙을 꼭 적용해보기 바란다.

취업 준비생 여러분, 여러분은 세상에서 하나밖에 없는 소중한 존재로 언젠가 좋은 곳에 취업하게 될 것이다. 단지 시간의 문제이다. 결코 포기하지 말자. 4전 5기, 7전 8기의 정신으로 도전한다면 멋진 일터를 만나게 될 것이다.

그리고 내가 처한 환경과 무관하게 늘 행복한 마음을 갖기 바란다. 행복과 불행은 자신이 의지적으로 무엇을 선택하느냐에 달려 있다.

24 인생의 **진실**을 좀 더 **일찍 알았더라면**

인생을 살아가면서 후회하지 않는 사람은 아무도 없다.

'타임머신이 있다면, 당시에 그 정보만 알았더라면 그렇게 선택하지 않았을 텐데…….'

학교의 선택, 직업의 선택, 배우자의 선택, 투자의 선택 등 모든 인생은 선택의 연속이며 어떤 선택을 하느냐에 따라 인생의 열매는 달라지는 것이다. 선택하는 그 시점에서 어떤 정보를 갖고 있느냐, 누구로부터 자문을 얻느냐에 따라 인생은 달라진다.

누군가에게 들은, 살아가면서 좀 더 일찍 알았더라면 좋았을 열 가지 진실을 소개한다.

첫 번째 진실

이 세상에서 진실로부터 도망칠 수 있는 사람은 없다.

살면서 때로는 피하고 싶은 진실과 맞닥뜨려야 할 때가 있다.

그냥 모른 채 살면 좋겠지만 진실은 너무 끈질겨서 우리 발목을 잡고 놓아주지 않는다.

두 번째 진실

비상한 용기 없이는 불행의 늪을 건널 수 없다.

누구나 불행을 피해갈 수 없지만, 그렇다고 이겨내지 못할 불행도 없다. 세상에 대한 원망과 자기연민을 이겨낼 용기만 있다면 우리는 모든 고통으로부터 구원받을 수 있다.

세 번째 진실

가장 견고한 감옥은 우리 스스로 만드는 것이다. 어떤 일을 망치는 가장 큰 원인은 두려움이다.

이 두려움이 갖가지 변명거리를 만들어내며 우리를 뒷걸음질치게 만든다. 그리고 이 두려움은 누가 우리에게 준 것이 아니라 우리 스스로 만들어낸 것이다.

네 번째 진실

완벽주의가 좋은 인간성을 의미하지는 않는다.

일에서는 완벽주의가 빛을 발할 수 있지만 인간관계에서는 오히려 해가 된다. 그래서 완벽주의자는 함께 일하는 동료로서는 좋지만 친구로서는 꺼려지는 법이다.

다섯 번째 진실

사랑은 인생에 처방하는 가장 강력한 진통제다.

고통으로 가득 찬 이 세상을 순간 살아볼 만한 곳으로 만들어주는 신비로운 존재가 바로 사랑이다. 인간이 견뎌야 할 모든 시련에 대한 보상으로 주어지는 것도 사랑이다.

여섯 번째 진실

좋은 일이 일어나는 데에는 시간과 인내가 필요하다.

나쁜 일에 빠져드는 데에는 시간이 걸리지 않지만, 거기에서 벗어나는 데에는 상당한 인내가 필요하다.

좋은 것일수록 그것을 얻는 데에는 긴 시간이 필요한 법이다.

일곱 번째 진실

방황하는 영혼이라고 해서 모두 길을 잃은 것이 아니다.

인생에는 미처 다 가볼 수 없는 여러 갈래 길이 있다.

그 여러 갈래 길 사이에서 잠시 이탈하거나 행로를 변경하는 것은 방황이 아니라 오히려 행복한 모험일 수 있다.

여덟 번째 진실

짝사랑은 고통스러우면서 낭만적이지도 않다.

애정에 대한 과도한 욕구가 때로는 짝사랑으로 나타나기도 한다.

하지만 사랑은 서로 소통될 때 비로소 그 빛을 발한다.

혼자 하는 사랑은 낭만적이지도 행복하지도 않다.

아홉 번째 진실

같은 행동을 반복하면서 다른 결과를 기대할 수는 없다.

우리는 너무나 많은 것을 체념하며 살고 있다.

하지만 희망이 없는 사람은 변화를 꾀할 수 없다.

불행하다고 느낀다면 지금과는 다른 방식으로 살아보려는 노력이 필요하다.

열 번째 진실

만일 지도가 지형과 다르다면 지도가 잘못된 것이다.

우리는 많은 것을 시행착오를 겪은 뒤에야 깨닫게 된다.

이 깨달음이 모여 인생의 지도를 만들어나간다.

결국 인생이란 지금 발을 딛고 있는 현실에 맞게 머릿속의 지도를 수정해나가는 과정이다.

몇 년 전 딸이 어려운 대학 입학 전형이 끝나고 내게 물었다.

"아빠, '인생은 BCD다.' 라고 하는데 BCD가 무엇의 약자인지 알아요?"

B(Birth; 태어남)와 D(Death; 죽음) 사이에 C(Choice; 선택)가 있으니, 순간의 선택이 인생을 좌우한다는 의미라고 한다.

우리는 선택의 갈림길을 피할 수 없다. 앞선 사람들의 인생의 지혜를 거울삼아 순간순간 최선의 선택을 하며 나아가는 것뿐이다.

아버지가 소중한 아들에게 부탁한 인생의 지혜

어느 은행장이 아들에게 보낸 인생을 살아가는 지혜이다. 살아가면서 꼭 필요한 내용으로, 조금만 마음먹으면 실천할 수 있는 것들이라 생각된다. 한 아버지가 아들에게 들려주고 싶었던 인생의 지혜는 무엇이었을까?

"약속 시간에 자주 늦는 사람하고는 동업하지 말거라. 시간 약속을 지키지 않는 사람은 모든 약속을 지키지 않는다.

목욕할 때에는 다리 사이와 겨드랑이를 깨끗이 씻거라. 치질과 냄새로 고생하는 일이 없을 것이다.

식당에 가서 맛있는 식사를 하거든 주방장에게 간단한 메모로 칭찬을 전해라. 주방장은 자기 직업을 행복해할 것이고 너는 항상 좋은 음식을 먹게 될 것이다.

좋은 글을 만나거든 반드시 추천을 하거라. 너도 행복하고 세상도 행복해진다.

양치질을 거르면 안 된다. 하지만 빡빡 닦지 말거라. 평생 즐거움의 반은 먹는 것에 있단다.

노래하고 춤추는 것을 부끄러워하지 말거라. 친구가 너를 어려워하지 않을 것이며, 주변 사람들이 즐거워할 것이다.

어려운 말을 사용하는 사람과 너무 예의 바른 사람을 집에 초대하지 말거라. 굳이 일부러 피곤함을 만들 필요는 없단다.

대변은 아침에 일어나자마자 누거라. 일주일만 억지로 해보면 평생 배 속이 편하고 밖에 나가 창피당하는 일이 없단다.

가까운 친구라도 남의 말을 전하는 사람에게는 절대로 속을 보이지 마라. 그 사람이 바로 내 흉을 보고 다닌 사람이다.

나이 들어가는 것도 청춘만큼이나 재미있단다. 그러니 겁먹지 말거라. 사실 청춘은 청춘 그 자체 빼고는 다 별거 아니란다.

밥을 먹고 난 후에는 빈 그릇을 설거지통에 넣어주거라. 밥을 차려준 사람은 기분이 좋아지고 행복해할 것이다.

양말은 반드시 펴서 세탁기에 넣어라. 소파 밑에서 도너츠가 된 양말을 좋아하는 사람은 없단다.

네가 지금 하는 결정이 당장 행복한 것인지 앞으로도 행복할 것인지를 생각해서 선택해라.

돈을 너무 가까이하지 말거라. 돈에 눈이 멀어진다. 돈을 너무 멀리하지 말거라. 다른 이에게 천대받는다. 돈이 모자라면 필요한 것과 원하는 것을 구별해서 사용해라.

심각한 병에 걸린 것 같으면 최소한 세 명의 의사에게 진단을 받아라. 생명에 관한 문제에 게으르거나 돈을 절약할 생각은 하지 말아라.

5년 이상 쓸 물건이라면 너의 경제능력 안에서 가장 좋은 것을 사거라. 결과적으로 그것이 절약하는 것이다.

베개와 침대와 이불은 가장 좋은 것을 사거라. 숙면은 숙변과 더불어 건강에 가장 중요한 문제이다.

너의 자녀들에게 아버지와 친구가 되거라. 둘 중에 하나를 선택해야 될 것 같으면 아버지를 택해라. 친구는 너 말고도 많겠지만 아버지는 너 하나이기 때문이다.

연락이 거의 없던 이가 찾아와 친한 척하면 돈을 빌리기 위한 것이다. 분명하게 "노"라고 말해라. 돈도 잃고 마음도 상한다.

하지만 친구가 돈이 필요하다면 되돌려 받지 않아도 될 한도 내에서 모든 것을 다 해줘라. 그러나 먼저 네 형제나 가족들에게도 그렇게 해주었나 생각하거라.

네 자녀를 키우면서 효도를 기대하지 말아라. 나도 너를 키우며, 너 웃으며 자란 모습으로 벌써 다 받았다."

25 실패를 극복하는 열 가지 방법

사람은 살아가면서 사업, 연애, 투자, 게임, 스포츠, 시험, 면접, 제안 등등 어느 분야에서든 누구나 실패를 경험하게 된다. 그러나 우리가 실패를 어떻게 받아들이고 이를 어떻게 이용하느냐에 따라 오늘의 실패가 내일의 성공이 될 수 있다.

다음은 실패를 극복하는 열 가지 방법이다. (R. 이안 시모어의 《멘토》에서 참조)

1. 실패 속에서 성공을 찾아보자.

실패가 실패로 끝나지 않고 성공을 위한 하나의 과정이라 생각하고 실패를 분석하다 보면, 모든 실패는 어떤 종류의 성공을 감추고 있다는 사실을 발견하게 된다.

2. 실패하게 된 원인을 찾아라.

자신의 실수에서 배워야 한다. 모든 실패에는 원인이 있게 마련이다. 반복적이고 유사한 실패를 방지하기 위해서는 실패에 대한 원인을 찾아 실패의 근본적인 원인을 없애야 한다.

3.시간을 두고 생각해보라.

더운 여름이 지나면 오색단풍으로 물든 가을이 오고, 추운 겨울이 지나면 따뜻한 봄이 오듯 계속되는 실패는 없다. 충분한 시간을 두고 생각하면 실패는 일시적이라는 사실을 깨닫게 된다.

4.과거의 성공을 이용해 현재의 실패가 주는 충격을 완화시켜라.

실패는 누구나 경험하며, 또한 누구나 크든 작든 성공도 경험하게 된다. 실패할 경우, 작은 성공이라 할지라도 과거의 성공 경험을 떠올리는 것만으로도 실패를 극복하기 위한 힘이 된다.

5.내 자신이 받은 축복을 돌이켜 보라.

내 자신을 돌아보며 긍정적인 측면을 바라보려 노력하고, 현재 자신이 누리고 있는 것에 대해 일일이 되새겨보자. 건강하다는 것도 축복, 젊음도 축복이다.

6.긍정적인 이력서(자소서)를 작성해라.

누구나 장점과 단점이 있다. 자신의 부족한 점을 보고 열등감에 빠지지 말고 자신의 장점과 긍정적인 자질을 생각나는 대로 적어보자. 단점을 보완하기보다 강점을 더 개발해나가자.

7.연습하면 완벽해진다.

실패가 피할 수 없는 상황이라면, 실패를 좋은 목적으로 사용하거나 당신의 기술을 연습해볼 기회로 삼아라. 어떤 시도라도 즐기면서 하자. 성공 아니면 실패 둘 중에 하나가 아닌가? 실패하더라도 실패를 통해 배워 또 도전하면 된다.

8.역경에 처할지라도 거기에 맞서 웃어라.

행복해서 웃는 것이 아니라 웃으면 행복하다는 말이 있듯이 어떤 역경에도 웃어라. 웃음은 실패가 당신을 쓰러뜨리지 못하도록 하는 가장 효과적인 방법이다.

9.실패나 거절을 사적으로 받아들이지 마라.

비즈니스 세계에서 실패나 거절은 그 대상이 나 자신이 아니라 제품, 서비스, 혹은 회사이다. 많은 사람들이 거절당했을 때 자신을 거절한 것으로 생각해서 실의에 빠지곤 한다.

10.때로는 손을 떼고 전지전능하신 하나님께 맡겨보자.

인간의 힘으로 해결할 수 없는 것이 있다. 어떤 경우에는 실패에서 손을 떼고, 하나님께 기도하고 기다리자. 그대로 잊어버린 뒤 다음으로 넘어가야 할 때도 있다.

위에 열거한 열 가지 중에서 가장 자신에게 필요하다고 생각되는 항목은 어떤 것인가?

이 모든 것을 모두 한꺼번에 적용하려고 하기보다는 현재의 자신에게

가장 필요하다고 생각되는 한 가지 항목을 찾아서 집중적으로 실생활
에 적용시켜 보기 바란다. 자신도 모르는 사이에 긍정적인 변화가 일어
나게 될 것이다.

성공과 실패의 차이는 사소한 실천의 차이에서부터 시작된다.
어떤 환경에도, 어떤 실패에도 포기하지 않는다면 언젠가 반드시 성
공적인 삶을 살아가리라 믿는다.

26 우리에게는 마중물이 필요하다

마중물에 대해 들어보았는가?

마중물이란 순수한 우리말로, 메마른 펌프에 물을 끌어올리기 위해서 먼저 붓는 한 바가지 정도의 물을 뜻하는 말이다. 메마른 펌프에서는 물을 퍼내기 위해 아무리 열심히 펌프질을 해도 물은 절대로 나오지 않는다. 펌프에서 물을 끌어올리기 위해서는 한 바가지의 물이 절대적으로 필요하다.

마찬가지로 메마른 인생에서도 풍성한 열매를 얻기 위해서는 마중물이 꼭 필요한 것이다.

취업 실패, 사업 실패, 연애 실패, 수주 실패, 시험 실패 등 계속 반복되는 실패로부터 탈출하기 위해서는 어떤 마중물이 필요할까? 실패에 대한 원인을 분석하여 그 부족한 부분을 채우는 것이 바로 마중물이 되는 것이다. 지금까지 해오던 방식으로만 계속 한다면, 메마른 펌프를 무작정 펌프질하는 것과 같이 반복되는 실패를 경험할 수밖에 없다.

창의적인 아이디어가 필요할 때, 과거의 경험과 현재 갖고 있는 지식만을 가지고 아이디어를 짜낸다면 추가로 붓는 마중물이 없기에 항상 비슷한 아이디어만 나올 뿐 혁신적이고 새로운 아이디어가 나오기 어려울 것이다. 창의적인 아이디어를 내기 위해서는 새로운 지식이나 성공 벤치마킹 등 약간의 마중물이 필요하다.

그래서 끊임없는 자기계발과 자기주도적 학습이 필요한 것이다. 작년의 나와 오늘의 내가 달라진 것이 없다면 산송장과 같다는 말이 있다. 무식하게 계속 열심히만 하지 말고 바쁜 가운데도 시간을 내어 책을 읽고, 교육을 받고, 지식도 습득하고, 다른 사람의 노하우를 배우는 등의 마중물을 얻기 위한 투자를 해야 한다.

취업의 경우도 그렇다. 취업준비생이 계속 서류전형과 면접에 실패하는데 마중물을 보충하지 않고 취업활동만 계속 한다면 역시 메마른 펌프에 물을 붓지 않고 열심히 펌프질만 하는 것과 다름없다. 자신에게 어떤 마중물이 필요한가를 찾아내어야 한다. 내가 가고자 하는 회사가 필요로 하는 역량이 무엇인지 파악해서 그것을 보충해야 물을 끌어올릴 수 있다.

대인관계에 있어서도 마찬가지다. 사람 사이에 있어야 할 가장 귀중한 것이 믿음이다. 믿음이라는 것도 가만히 있는데 저절로 생기는 것은 아니다. 그 믿음은 누군가에 의해 처음 시작되어야 한다. 내가 먼저 상대방에게 신뢰의 마중물을 부으면, 고여 있던 샘물이 올라오듯 상대방과의 신뢰가 형성되는 것이다.

  나 역시 많은 사람들에게 마중물의 역할을 하고 싶다. 가정에서, 조직에서, 인간관계에서 다른 누군가에게 한 바가지의 마중물이 되고 싶다.

  우리 모두 마르지 않는 샘물처럼, 시냇가에 심긴 나무처럼 가뭄에도 시들지 않고 철을 따라 많은 열매를 맺는 인생이 되었으면 한다.

27 조금만 **더**, **한 번만 더**, 한 **걸음만 더**……

동물의 왕 사자의 사냥 성공률이 몇 퍼센트나 된다고 생각하는가?

여러분이 생각하는 것보다 낮을 것이다. 사자는 300~500미터 이상을 질주할 수 없다. 맹수 중의 맹수인 사자와 표범, 그리고 치타는 날카로운 이빨과 발톱을 가지고 있고 바람처럼 달려가 순식간에 먹잇감을 덮친다. 하지만 이들에게는 한 가지 치명적인 약점이 있다. 300~500미터 이상을 전력 질주할 수 없다는 것이다. 그 이상 달리면 체온이 치솟아 생명이 위태로워진다.

그래서 초원의 맹수 3총사는 300미터 안에서 승부를 봐야 한다. 사냥감이 눈치 채지 않도록 납작 엎드린 상태로 목표물에 최대한 가까이 접근해야 한다. 목표물도 뛰는 속도가 있으므로 벼락같이 덮쳐야만 많은 힘을 소모하지 않고 승부를 낼 수 있다.

하지만 생명체의 제1본능은 생존이다. 살려고 태어난 생명체는 살기 위해 애를 쓰고 몸부림치며 안간힘을 쓴다. 시각과 후각, 청각을 총 집결해 맹수들의 공격을 감지해내고 감지하는 순간 쏜살같이 달아난다.

TV 〈동물의 세계〉를 보면 맹수와 사냥감 사이에 불과 1~2미터 간격을 두고 쫓고 쫓기는 장면을 자주 본다.

바로 이런 상황에서 승부는 아주 사소한 차이로 엇갈리는 것이다. 양쪽 모두 고통스럽기 그지없는 상태에서 누가 한 번 더 힘을 내느냐에 따라 승부가 결정된다. TV에서는 사자가 대부분 사냥감을 성공적으로 잡는 장면이 많이 나오지만 실제 성공률은 20% 이하에 불과하다.

<u>이는 한 끼 식사를 위해 달리는 사자와 목숨을 걸고 달려야 하는 목표물의 차이 때문이다.</u>

하지만 사자들의 승률이 높아지는 때가 있다. 굶어 죽을 지경이 되면 사자들은 목숨을 걸고 뛴다. 목숨을 걸고 뛰면 승률이 높아지는 것은 당연하다.

여러분은 지금 어떤 상황에 있는가? 예를 들어 취업을 앞둔 취업준비생은 한 끼 식사를 위해 이력서를 내느냐, 생존을 위해 이력서를 내느냐에 따라 앞의 사자와 사냥감의 예처럼 그 결과도 달라질 것이다.

한 끼 식사가 아닌 생존을 위해 취업을 해야 하면서도 한 끼 식사를 위해 이력서를 작성하는 사람이 있다. 당연히 성공률은 떨어질 수밖에 없다. 생존을 위해 이력서(자소서)를 작성하려면, 먼저 지원하는 회사에 대해 발품을 팔아 취업에 대한 정보도 얻고 그 회사에 취업한 선배를 만나 취업 성공

사례도 듣고, 그 정보를 바탕으로 이력서(자소서)를 쓰고 점검받고, 수정하고 또 점검받고, 최대한 완벽한 상태로 만들어 제출해야 한다.

신한은행 취업에 성공한 제자(서울여대 화학과 전공)가 있다. 은행과는 관련이 없는 전공이기 때문에 그 친구는 이력서(자소서)를 작성하기 위해 은행 여러 곳을 다니며 신규 통장을 개설했다. 그러면서 창구 직원들로부터 취업 정보를 얻었던 것이다.

상품을 판매하는 영업사원의 경우는 어떤가? 미국 소매상협회가 조사한 결과에 의하면, 상품을 파는 영업사원들 중 절반에 가까운 48%는 자신의 고객에게 딱 한 번 권유했다고 한다. 이들은 고객이 거절하자 곧바로 영업을 포기했다. 25%의 영업사원은 한 번 더 권했고, 15%의 영업사원은 세 번까지 권했다. 싫다는 걸 세 번씩이나 들이대면 마음씨 좋은 미소로 점잖게 사양했던 이들도 대개는 얼굴이 굳어지게 마련이다. 이쯤 되면 영업사원 대부분은 물러난다.

그런데 12%의 영업사원은 "한 번만 더!"를 외치며 고객에게 다가갔다.

그리고 놀랍게도 고객들이 인상을 쓰게 되는 시점인 세 번의 권유에서 멈추지 않고 한 번 더 다가간 영업사원들이 전체 판매량의 80% 이상을 해내고 있었다. 마치 사자가 목표를 향해 끈질기게 다가서고 한 번 더 시도하듯이 그들도 그렇게 자신의 목표를 달성하고 있었다.

취업을 하든 영업을 하든 성공과 실패의 차이는 멀리 있지 않다. 더 이상 아무것도 할 수 없다고 여겨질 때 한 번 더 시도해보자. 포기하지 않고 제대로 끝까지 해보자. 그러면 반드시 원하는 목표를 달성하리라 본다.

결국 성공과 실패의 차이는 "조금만 더, 한 번만 더, 한 걸음만 더"에 있는 것이다. "기가 살아야 운도 산다."(필자 회사 입구에 붙어 있는 문구다)라는 말이 있듯이 어떠한 역경 속에서도 기죽지 말고 당당하게, 조금만 더, 한 번만 더, 한 걸음만 더 시도해보기 바란다.

28 세 가지 불효

KBS 라디오 프로 "고전에서 배우는 오늘의 지혜"에서 세 가지 불효에 대해 언급했다.

첫 번째 불효는 결혼하지 않아 자식을 낳지 않은 것.

두 번째 불효는 부모님께 무조건적으로 복종하는 것. 잘못된 것인 줄 알면서 그대로 따름으로써 부모에게도 자녀에게도 안 좋은 결과를 초래하는 것이다.

그리고 세 번째 불효는 취업하지 않고 스스로 독립하지 못해 부모님께 얹혀사는 것이라고.

요즘 독신으로 사는 사람이 늘어나고 있는 추세이다. 내 주변에도 노총각 노처녀가 의외로 많다. 그들 나름대로 결혼하지 못하는 이유가 여러 가지 있겠지만 부모님 입장에서는 나이가 들어서 결혼하지 않고 혼자 사는 것을 보면 속으로 걱정을 많이 하실 것이다.

모든 프로젝트는 목표(요구사항)와 예산 그리고 시작과 끝이 있다. 결혼 적령기를 넘어선 처녀 총각들이여, (누군가 노총각 노처녀가 시집 장가를 갈 수 없는 이유가 '노씨'라는 동성동본 때문이라고 우스개로 말한다) 지금 이 순간부터 인생에서 자신에게도 중요하고, 부모님께 효도하는 프로젝트를 만들어 추진하기 바란다.

프로젝트 기간 1년. 요구사항은 스스로 눈높이를 맞추어 정하라. 그리고 예산. 수입의 일정 퍼센트를 프로젝트 비용에 투자하라. 주위 여러 사람에게 나의 프로젝트를 설명하여 도움을 받고 프로젝트를 꼭 성공적으로 완수하기 바란다. 실패하면 실패를 거울삼아 새로운 프로젝트를 만들어 다시 추진하기 바란다. 결혼하고자 하는 의지만 있다면 좋은 배우자를 반드시 만날 것이다.

그리고 진로를 정하는 데 있어서나 배우자를 정하는 데 있어서, 자신은 원하지 않는데 부모님이 원해서 진로를 정하고 부모님이 원하는 배우자를 만난다면, 물론 행복하면 다행이겠지만 불행하게 될 경우 부모는 그 죄책감을 느낄 것이고 부모와 자녀 모두 행복하지 않을 것이다.

반대로 부모님이 반대하지만 자신이 원하는 직업을 갖고, 자신이 원하는 배우자와 결혼해서 행복하게 산다면, 처음에는 부모님과 사이가 좋지 않겠지만 시간이 지나면 자녀가 행복하게 사는 모습을 보고 부모는 자녀의 선택이 옳았다는 것을 인정하고 부모 자신도 행복해하며 축복해줄 것이다. 부모님의 말씀에 무조건적인 복종이 아니라 지혜롭게 대처하여 자신도 행복하고 부모님도 행복한 멋진 선택을 하기 바란다.

현재 실직 상태거나 아직 취업을 하지 못한 사람의 경우, 누가 취업하기 싫어서 안 하느냐 반문하며 세 번째 불효에 대해 인정하지 않으려 할 것이다.

 현재 적극적으로 구직활동을 하고, 자격증을 취득하고, 각종 정부지원 교육과정을 수강하는 등 취업에 대한 의지가 있는 사람은 당연히 세 번째 불효자에 해당되지 않는다고 본다. 구직활동을 계속 하더라도 오랜 기간이 지속되거나 취업에 대한 의지가 꺾여 자포자기한 경우, 요즘 소위 말하는 캥거루족을 두고 하는 말일 것이다.

 여러분이 나중에 부모님이 되어서 자녀가 대학을 졸업했는데도 취업에 대한 의지도 없고 부모님께 용돈을 타 쓰면서 집에서 빈둥빈둥 놀고 있다면 그 마음이 어떻겠는가?

 취업을 몇 번 시도했는데도 취업을 못 할 경우 거기에는 반드시 이유가 있다. 게임이나 과학실험 같은 경우도 계속 동일한 시도를 하면 동일한 결과가 나온다. 이 점을 명심하여 한 번 실패했다면 거기서 어떤 교훈이라도 얻고 자신을 업그레이드하여 다시 시도하라. 그렇게 노력하고도 취업을 하지 못하는 사람을 나는 아직 한 번도 보지 못했다.

당신의 인생을 바꾸어줄 명사의 말

좋은 말은 자주 보아야 효과가 있다. 여기서 소개하는 명사들의 말을 잘 보이는 곳에 두고 수시로 읽어보면서 자신을 돌아보고 하나씩 실천해나간다면 보다 더 풍성한 인생을 살아가리라 믿는다.

「라 로슈푸코 La Rochefoucauld」

훌륭한 사람이라는 것은 보통 사람보다 어질고 욕심과 정열에 좌우되지 않는 사람을 말하는 것은 아니다. 무엇보다 남보다 좋은 계획을 세우고 실천하는 사람이 훌륭한 사람이다.

「마쓰시타 고노스케」

한 번 넘어졌을 때 원인을 깨닫지 못하면 일곱 번을 넘어져도 마찬가지다. 가능하면 한 번만으로 원인을 깨달을 수 있는 사람이 되어야 한다. 실패를 두려워하기보다는 진지하지 못한 태도를 두려워해야 한다.

「윌리엄 A. 워드 William A. Ward」

실패하기 위한 계획을 세우는 사람은 없다. 다만, 성공을 위한 계획을 세우지 않을 뿐이다.

「그레그 S. 레이드 Greg S. Reid」

꿈은 날짜와 함께 적어놓으면 목표가 되고, 목표를 잘게 나누면 계획이 되며, 계획을 실행에 옮기면 꿈은 실현되는 것이다.

『 나폴레옹 Napoléon Bonaparte 』

비장의 무기가 아직 나의 손에 있다. 그것은 '희망' 이다.

『 마하트마 간디 Mohandas Karamchand Gandhi 』

만약 한 사람의 인간이 최고의 사랑을 성취한다면, 그것은 수백만의 사람들의
미움을 해소시키는 데 충분하다.

『 로버트 기요사키 Robert Kiyosaki 』

삶에서 가장 파괴적인 단어는 '내일' 이다.
'내일' 이란 단어를 자주 사용하는 사람들은 가난하고 불행하고 실패한다.
'오늘' 은 승자들의 단어이고 '내일' 은 패자들의 단어라고 한다.
당신의 일생을 바꾸는 말은 '오늘' 이다.

긴 말은 필요 없다

29 성공하고 있을 때 자신을 업그레이드하라

성공하고 있을 때에도 우리는 끊임없이 스스로를 다듬어야 한다. PGA 통산 79승을 달성한 타이거 우즈는 아직도 이 시대 골프의 황제다. 최근 부진으로 세계 랭킹 50위 밖으로 밀려났다. 하지만 골프 역사에서 타이거 우즈를 빼고는 논할 수 없다. 1997년 그가 2위와 엄청난 격차를 두고 마스터스 대회를 휩쓸었을 때의 일이다. 우승 뒤 그는 자신의 경기 내용을 담은 비디오 테이프를 분석했다. 경이로운 300야드 드라이브, 거의 실수 없는 퍼팅, 그러나 우즈는 한숨을 쉬며 중얼거렸다.

"내 스윙은 형편없군."

그리고 그는 그 절정의 순간에 자신이 그때까지 해오던 스윙 스타일을 완전히 바꾸기로 결심한다. 실로 위험한 도박이었다.

그 이후 1999년까지 19개월 동안 그는 단 한 개의 토너먼트에서만 우승하는 저조한 성적을 기록했다. 그러다가 1999년 5월, 우즈는 마치 긴 터널에서 빠져나온 것 같은 기분을 느꼈다. 마침내 자기가 그토록 꿈꿔오던 수준 그대로 스윙이 이루어지는 것을 느낀 것이다. 그리고 그해 참가한 열네 개 토너먼트 중 열 개를 휩쓸었고 PGA 투어만 여덟 개를 석권하는 경이적인 기록을 달성했다. 그리고 1999년 말부터 2000년 초가지 여섯 개 대회를 연속 우승했다.

골프 황제 잭 니콜라우스의 한 해 최다 우승 기록을 우즈는 24세라는 어린 나이에 경신해버린 것이다. 우즈가 우승한 대회마다 준우승을 한 어니 엘스는 이렇게 말했다.

"우리와 우즈는 전혀 다른 차원의 게임을 하고 있는 것 같다." (《한홍의 시간의 마스터》에서)

스포츠의 프로 세계나 비즈니스 세계에서 성공한 사람 뒤에는 반드시 남들과 뭔가 다른 특별한 것이 있다. 그들은 보이지 않게 끊임없이 개선하고 노력하고 있는 것이다. 우리는 경기에 우승을 했을 때나 개인적으로 성공을 했을 때 성공에 자만하지 않고 지속적인 성공을 위해 늘 자신을 업그레이드해야 한다.

어느 노교수가 그의 대학에서 지식이 가장 풍부하고 학생들로부터 능력 있고 덕망이 있는 교수로 평가받고 있었다. 그는 매일 아침 일찍 학교에 나와 책을 보고 있었다. 어느 날 한 학생이 교수에게 물었다.

"교수님은 우리 학교에서 가장 지식이 많고 능력이 있으신데 왜 매일 일찍 나오셔서 남보다 많은 책을 읽습니까?"

교수가 대답했다.

"나는 학생들에게 우물에 고인 물을 먹이는 것보다 흐르는 샘물을 먹이고 싶어서 항상 새로운 지식을 습득하고 있단다."

우리가 성공하고, 더 나아가 남에게 도움을 주고 남을 성공시키기 위해서는 현재의 지식과 경험에 안주하지 않고 끊임없는 학습과 지식 업그레이드가 필요하다고 본다. 매 순간 최선을 다할 필요가 있다.

매일 모든 사람에게 86400초라는 시간이 동일하게 주어진다. 어떤 사람은 시간을 낭비하는가 하면 어떤 사람은 자신을 업그레이드하기 위해 부단한 노력을 한다. 하지만 가장 아름다운 것은 그 시간의 일부를 남을 위해 쓰는 것이다. 남을 위해 자신의 시간을 사용할 때 남이 만족하는 것이 아니라 나 자신이 만족을 느끼고 행복해진다.

매 순간 최선을 다하라는 말은 현재의 시간에 투자함으로써 미래의 승리와 안전을 확보하라는 말이다. 내가 한 시간을 차를 정비하는 데 투자해두면 나중에 고속도로 중간에서 차가 멈춰 그 몇 배나 되는 시간을 낭비하는 것을 예방할 수 있다. 지금 몇 달 확실하게 기본기를 배워놓으면 나중에 난이도가 높은 기술을 훨씬 짧은 시간에 습득할 수 있게 된다.

평범해 보이는 오늘의 한순간 한순간을 아무렇게나 넘기지 말자. 전혀 예기치 않았던 미래에 우리는 엄청난 시간의 적금을 타게 될지도 모른다.

우리 모두 시간의 마스터가 되자. 우리에게 동일하게 주어진 시간을 자신을 위해 업그레이드하고 남을 위해 도와주는 데 시간을 아끼지 말아야 한다.

"영원하게 살 것처럼 배우고 내일 죽을 것처럼 사랑하고 일하라."

30 이대로 하면 성공한다

"비난받기 싫다면 아무 일도 하지 말고, 아무것도 하지 말고, 아무런 존재도 되지 말아라. 그리고 아무것도 기대하지 말라!"

성공의 과정에는 반드시 실패라는 장애물이 생기게 마련이다. 실패의 장애물을 넘지 않고 성공하는 사람은 거의 없다. 골프 황제 타이거 우즈도, 국민 타자 이승엽도, 축구 천재 메시와 호날두도, 월드컵의 영웅 리더 히딩크 감독도, 피겨여왕 김연아도, 메이저리그 류현진도, 손석희 앵커(그가 감옥에 갔다 온 사실을 아는 사람이 많지 않다)도 모두가 크고 작은 실패의 장애물을 넘어선 것이다. 우리가 못질을 할 때도 못을 망치로 때려야 하고, 그래야만 멋진 작품을 만들 수 있는 것이다.

성공의 기준을 어디에 두느냐에 따라 달라지겠지만 "성공은 가치 있는 뭔가를 공을 들여 이루는 것"이라 정의하고 싶다. 록히드 마틴사의 전직 CEO 노먼 오거스틴은 성공에 대해 이렇게 말하고 있다.

"저는 늘 성공을 바랐습니다. 성공에 대한 저의 정의는 세상에 뭔가 공헌하며 그 일을 하는 동안 행복감을 느끼는 것이지요. 자신이 하는 일을 즐거워해야 합니다. 그렇지 않으면 좋은 성과를 낼 수 없습니다. 두 번째로, 자신이 뭔가 가치 있는 공헌을 한다는 느낌을 가져야 합니다. 만약 둘 중 하나라도 없다면, 자신의 일에 뭔가 의미가 부족하다고 할 수 있습니다."

많은 사람들이 공감할 수 있으리라 본다.

성공한 사람의 공통점을 찾아 성공 노하우 마흔 가지 법칙을 소개하고자 한다. 좀 많은 감이 있지만 여러분도 잘 음미해보기 바란다.

이대로 하면 성공한다

1. 선택하여 집중하라.
2. 사소한 감정에 연연하지 말고, 대범하라.
3. 나를 있는 그대로 솔직히 표현하라.
4. 나의 핵심 역량을 찾아 개발시켜라.
5. 자랑하지 말고, 항상 겸손하라.
6. 시작하는 용기를 가져라.
7. 일관성 있는 행동을 하라.
8. 끝까지 참아라.
9. 어떤 상황이든 두려워 마라.
10. 망설이지 말고 용기 있게 말하고 행동하라.
11. 남 원망과 욕을 하지 마라.
12. 말과 행동을 가벼이 하지 말고 품위 있게 하라.
13. 항상 실천하라.
14. 절제하라.

15. 확실하게 행동하라.

16. 남을 절대 의식하지 마라.

17. 항상 침착하게 행동하라.

18. 나를 강하게 만들어라.

19. 나 자신에게 자부심을 느껴라.

20. 단순히 생각하면서 말하라.

21. 딱 부러지게 말하라.

22. 적극적인 행동이 나를 성공시킨다.

23. 결정한 것에 대해 후회하지 마라.

24. 미루지 마라.

25. 담배를 끊어라.

26. 어떤 일이든 포기하지 마라.

27. 꾸준하게 운동하라.

28. 모르면 가만있어라.

29. 긍정적으로 생각하라.

30. 항상 공부하라.

31. 흥분하지 말고 감정을 자제하라.

32. 나를 초월하라.

33. 나만의 색깔을 창조하라.

34. 남을 쉽게 동정하지 마라.

35. 효율적으로 자신을 관리하라.

36. 자신감을 갖고 어깨 펴고 당당하게 말하라.

37. 항상 바른 자세를 유지하라.

38. 거절과 부탁은 확실히 하라.

39. 부드럽게 행동하되 단호하라.

40. 항상 잘된다고 생각하라.

“성공은 원하는 것을 갖는 것이며 행복은 가진 것에 만족하는 것
이다.”

성공하는 것은 부단한 노력과 행동이 필요하며, 행복은 마음먹기에
따라 행복해질 수가 있다. 성공한 후에 행복이 찾아오는 것이 아니라 지
금 당장 행복할 수 있다. 성공을 위해 노력하되 행복을 놓치지 않는 여
러분이 되길 바란다.

31 비전의 사람이 되자

과거에 연연하지 않고 더 나은 미래를 바라보며 비전의 사람이 되기를 바라면서 그 비결을 몇 가지 소개하고자 한다.

1. 과거에 연연하지 말고 미래지향적으로 인생을 살자

과거의 실패로 미래에 대한 희망을 잃어 스스로 포기하는 경우도 있고, 과거의 성공에 도취되어 미래 변화를 읽지 못해 실패하는 경우도 많이 보게 된다. 과거에 연연하지 말고 떠오르는 태양을 보면서 "미래는 더 잘될 것이다." "미래는 나의 것이다."라고 마음에 새기면서 미래지향적 인생을 살아가자.

2. 생각과 언어를 바꾸자

식물과 물 실험 결과를 보면 부정적인 말을 식물과 물에 지속적으로 할 경우 식물도 빨리 메마르고 물의 결정체도 산산조각 나 있는 반면, 긍정적인 말을 지속적으로 하는 경우 물의 결정체가 빛깔 나게 살아 있고 식물도 싱싱해져 있음을 볼 수 있다. 아무리 힘들어도 부정적이거나 비판적인 말을 입에 달지 말자. 지금은 아니지만 "나는 최고가 되리라."

"나는 반드시 과거보다 더 성공하리라."는 등의 긍정적인 생각과 언어를 사용하자.

3. 절망의 순간을 비전의 출발점으로 생각하자

지도자 모하메드는 두바이가 2020년에 석유가 고갈될 것이라는 절망의 소식을 듣고 좌절하지 않고 그때부터 황량한 절망의 사막 땅에서 비전의 땅에 대한 새로운 꿈을 꾸었다. 세계 최고의 호텔과 인공 섬, 사막의 스키장과 골프장 등 상상을 초월하는 일이 눈앞에 현실로 이루어지고 있다. 이와 같이 절망의 순간이 바로 희망의 순간인 것이다. 우리의 실패와 절망은 성공을 위한 하나의 과정일 뿐이며 비전의 출발점이다.

4. 오늘 땀을 흘리자

비전의 사람은 오늘 성실히 살아가는 사람이다. "소리 없이 내린 눈이 나뭇가지를 꺾는다."라는 말처럼 오늘이 모여서 내일을 이루는 것이다. 오늘 어떻게 살아가는지를 보면 그 사람의 미래를 알 수 있다. 기회가 주어질 때를 대비해 실력을 갖춰야 한다. 현재 서 있는 자리가 비전의 디딤돌이다.

5. 광야의 시간을 견뎌내는 사람이 되라

비전의 사람에게는 반드시 고난이 따르게 마련이다. 봄, 여름, 가을, 겨울이라는 계절의 원리에서도 알 수 있듯이 봄의 푸릇푸릇한 정취를 맞이하기 위해서는 반드시 겨울이 지나야 한다. 아름다운 무지개를 보려면 반드시 비가 내려야 한다. 대장장이가 작업하는 과정을 잘 보면 멋진 도구를 만들기 위해서는 불 속에서 적절한 시간 동안 잘 달구어져야 한다. 지금이 힘든 광야라면 미래에 더 좋은 결실을 얻기 위한 시련이라 생각하자.

6. 비전의 사람과 네트워킹하라

좋은 사람을 만나는 것이 축복인 이유는, 향수집에 들어가면 향수 냄새가 나고 마구간에 들어가면 마구간 냄새가 나듯이 우리는 좋은 사람을 닮기 때문이다. 독감 걸린 사람과 함께 있으면 독감이 걸리는 것처럼 비전도 전염성이 있어서 비전의 사람과 함께하다 보면 자신도 비전의 사람이 된다. 불평불만이 가득 찬 사람과 함께하면 본인도 불평불만이 가득 찬 사람으로 바뀌어 있을 것이다. 과거를 얘기하는 사람보다 미래를 얘기하는 사람과 많이 만나자.

32 감사를 습관화하자

얼마 전 시각장애인이 행복하게 노래를 부르고 춤을 추는 모습을 보면서 나를 포함해 참석한 많은 사람들이 눈시울을 적셨다. 아름다운 세상을 볼 수도 없고, 사랑하는 사람의 얼굴도 볼 수 없고, 남의 도움을 받지 않으면 살아가기 힘든 시각장애인이 건강한 우리보다 더 행복하게 보였다.

어느 초등학교 교실에서 실험을 했는데 맛있는 사탕을 똑같은 개수로 쟁반에다 담고 학생들에게 물었다. 자기 것과 짝이 가진 것의 사탕 개수를 눈대중으로 세어보라고 말이다. 그러자 똑같이 스무 개씩 담았는데도 언제나 짝의 것이 서너 개가 더 많다고 대답했다. 쟁반을 바꾸어 물었을 때도 마찬가지로 짝의 것이 많아 보였다고 한다.

남과 비교하는 마음이 있으면 결코 행복할 수 없다.

S사 인사팀장 시절에 있었던 일이다. 연봉제를 도입한 이후, 한 직원이 평균 이상 연봉이 인상되어 상사와 회사에 대한 감사의 마음을 품고 있다가 다른 동료의 임금 인상률이 자기보다 높다는 말을 듣고는 감사

의 마음이 사라지고 인사팀에 와서 불만을 토로한 적이 있다.

"나는 저 친구보다 더 열심히 일했고 성과를 올렸는데 왜 인상률이 저 친구보다 작습니까?"

이처럼 비교하는 순간 감사가 불평으로 바뀌게 된다. 대표적인 예가 백설공주에 나오는 마귀할멈이다. 자신이 너무 예뻐서 만족하고 신에게 감사하고 있는데 거울을 통해 백설공주가 더 아름답다는 얘기를 듣는 순간 행복과 감사가 불만으로 바뀌면서 살인을 시도하기까지 한다. 결국 행복은 가진 것에 만족하고 범사에 감사함으로 온다.

나의 장인께서 몇 년 전 위암 수술을 받으셨다. 위를 절제했기에 일정 기간 동안 먹고 싶은 음식도 잘 못 먹고 소식하며 음식의 양을 잘 조절해야 했다. 다른 사람이 맛있게 먹는다고 함께 많이 먹으면 위가 감당을 못하고 재수술을 하는 경우도 발생한다. 음식을 잘 먹을 수 있다는 것만으로도 감사할 일이다.

출퇴근 만원 지하철에서 몸이 부딪치면 얼굴을 찡그리면서 짜증을 내는 사람이 있다. 일터가 없이 실직자 신세라면 아침 출근시간에 만원 지하철을 탈 일이 없다. 만원 지하철을 탄다는 것이 내게 일터가 있다는 것이고 내게 꿈이 있다는 것이다. 그래서 만원 지하철이라도 감사한다.

스트레스를 받고 많이 피로할 때면 가끔 손목이 부어 머리도 잘 못 감고 대변 처리도 어려울 때가 있었다. 지금 내 손목이 자유자재로 움직일 수 있어 감사하다.

내 친구 가운데 벌써 눈이 침침해 책을 보기가 힘들다는 친구들이 있다. 나는 아직도 책을 읽을 수 있어 감사하다. 흑백만 구분할 수 있는 친구가 있는데, 나는 아름다운 무지개를 볼 수 있어서 감사하다.

냉장고에 먹을 것이 있고 몸엔 옷을 걸쳤고 머리 위로는 지붕이 있는 잘 곳이 있는 사람이라면 이 세상 70%보다는 풍요로운 생활을 하고 있는 것이고, 은행에 돈이 얼마라도 있고 지갑 속에 돈이 있는 사람이라면 지구상에서 상위 10%의 부자에 속한다.

이 지구를 인구가 백 명밖에 되지 않는 마을로 비유한다면, 스탠퍼드 의학박사 필립 M. 하터의 계산에 의하면 이러하다.

"적정 수준에 못 미치는 주거환경에 살고 있는 사람은 80명, 문맹인 사람은 70명, 영양부족인 사람이 50명, 죽기 직전인 사람이 1명, 임신 중인 사람이 1명이다. 대학 교육을 받은 적이 있는 사람은 1명에 불과하며 컴퓨터를 소유하고 있는 사람도 1명뿐이다."

위의 통계수치를 보면 이 글을 읽고 있는 사람들은 실직자든 가난한 사람이든 실연당한 사람이든 누구라도 선택받은 사람들이다. 현재의 주어진 상황이 아무리 어렵고 힘들어도 긍정적으로 생각하고 감사할 조건을 찾는 습관을 가진다면 분명 좋은 결실을 맺을 것이다.

특별한 날만이 아닌 수시로 부모님께 감사, 상사와 선배님께 감사, 직원들께 감사, 스승과 제자에게 감사, 친구들에게 감사, 범사에 감사하자.

33 NQ를 높여라

스스로 정상에 오르는 일은 거의 없다.

앞에서 말했듯이 인생은 야구와 같다. 1루에 진출할 때는 자신의 노력에 의해 또는 상대편 실수에 의해 갈 수 있다. 2루에 진출하는 것은 조금 다르다. 자신의 힘으로 가는 방법은 어려운 도루뿐이다. 대개는 동료의 도움을 받게 된다. 인생에서도 우리를 격려하고 훈련시켜 주는 선배나 사수나 주변 지인이 인생의 2루로 진출하도록 도와준다. 3루 역시 마찬가지이고 홈인하는 것은 더더욱 자신의 힘으로 들어가기 어렵다. 다른 사람의 도움이 있어야만 가능한 것이다.

필자의 경우는 젊은 시절 자신의 능력으로 1루로, 2루로, 3루로 가려고 노력했다. 하지만 그것은 지혜롭지 못한 선택이었다. 그 결과 부장으로는 상당히 빨리 승진했으나 임원으로는 상대적으로 늦게 승진할 수밖에 없었다. (필자가 이사로 승진할 때 부장 동기생이 전무로 승진했으니 얼마나 임원 승진이 늦었는지 판단이 되지 않는가?) 결국 능력을 떠나 필자는 인간관계지수 NQ가 남보다 낮았던 것이다.

인간관계지수도 업무처리능력 못지않게 중요한 능력이라는 생각이 든다. 특히 사업을 시작하면서 인간관계지수는 능력 이상으로 중요하다는 생각이 많이 들었다.

바쁜 와중에도 시간과 마음을 내어서 NQ 지수를 높여보자! NQ 지수가 높으면 나이가 들어서 여유롭고 행복한 삶을 살아갈 수 있을 것이다.

인맥관리 제대로 하는 방법

1. 지금 힘이 없는 사람이라고 우습게보지 말자. 나중에 큰 코 다칠 수 있다.

좌천당했을 때, 실패했을 때, 아무도 알아주는 사람이 없을 때 아무런 목적 없이 조금만 관심을 가지고 대한다면 진정 좋은 관계가 유지될 것이다. 인간지사 새옹지마라고 자신과 상대방이 역전될 수도 있고 그 사람이 잘되었을 때 도움받을 수도 있다.

2. 평소에 잘하자. 평소에 쌓아둔 공덕이 위기 때 빛을 발한다.

아무리 가까운 지인 관계라도 평소에 연락하지 않다가 도움이 필요할 때 연락을 하게 되면 상대방이 경계하게 될 것이고 오히려 관계가 그 이전보다 더 나빠질 수 있다. 평상시에 주기적으로 안부인사도 하고 지속적으로 관계를 유지하면 위기 때 큰 도움을 받을 수 있다.

3. 내 밥값은 내가 내고, 남의 밥값도 내가 내라.

기본적으로 자기 밥값은 자기가 내는 것이다. 남이 내주는 것을 당연하게 생각하지 말라.

4. 고마우면 '고맙다' 고, 미안하면 '미안하다' 고 큰 소리로 말하자.

마음으로 고맙다고 생각하는 것은 인사가 아니다. 감사는 받은 것에 대해 말이나 행동으로 표현하는 것이 감사다. 입장을 바꿔놓고 생각해보면 선물을 했는데, 도움을 주었는데 상대방이 감사 표시를 하지 않을 때 기분이 어떤가? 작은 것 하나라도 받았을 때나 호의를 받았을 때 진심으로 감사를 표시하자.

5. 도와줄 때는 화끈하게 도와줘라.

처음에 도와주다가 나중에 흐지부지하거나 조건을 달지 마라. 괜히 품만 팔고 욕먹는다.

6. 남의 험담을 하지 마라. 그럴 시간 있으면 팔굽혀펴기나 해라.

7. 회사 바깥 사람들을 많이 사귀어라.

자기 회사 사람들하고만 놀면 우물 안 개구리가 된다. 그리고 회사가 너를 버리면 너는 고아가 된다.

8. 불필요한 논쟁을 하지 마라. 회사는 학교가 아니다.

9. 회사 돈이라고 함부로 쓰지 마라.

사실은 모두 다 보고 있다. 네가 잘나갈 때는 그냥 두지만 결정적인 순간에는 그 이유로 잘린다.

10. 남의 기획을 비판하지 마라. 당신이 쓴 기획서를 떠올려봐라.

11. 가능한 한 옷을 잘 입어라.

외모는 생각보다 훨씬 중요하다. 할인점 가서 열 벌 살 돈으로 좋은 옷 한 벌 사

입어라.

12. 조의금은 많이 내라.

부모를 잃은 사람은 이 세상에서 가장 가엾은 사람이다. 사람이 슬프면 조그만 일에도 예민해진다. 몇 만 원 아끼지 마라. 나중에 다 돌아온다.

13. 수입의 1% 이상은 기부해라. 마음이 넉넉해지고 얼굴이 펴진다.

14. 수위 아저씨, 청소부 아줌마에게 잘해라.

정보의 발신지이자 소문의 근원일뿐더러, 네 부모의 다른 모습이다.

15. 옛 친구들을 챙겨라.

새로운 네트워크를 만드느라 지금 가지고 있는 최고의 재산을 소홀히 하지 마라. 정말 힘들 때 누구에게 가서 울겠는가.

16. 자신을 발견해라.

다른 사람들 생각하느라 당신을 잃어버리지 마라. 1주일에 한 시간이라도 좋으니 혼자서 조용히 생각하는 시간을 가져라.

17. 지금 이 순간을 즐겨라.

지금 당신이 살고 있는 이 순간은 나중에 당신 인생의 가장 좋은 추억이다. 나중에 후회하지 않으려면 마음껏 즐겨라.

18. 아내(남편)를 사랑해라. 당신을 참고 견디니 얼마나 좋은 사람인가.

(자료: 김무곤 《NQ로 살아라》 중에서)

34 꿈은 이루어진다
실패를 두려워하지 말자

휴대전화 외판원에서 영국 ITV '브리튼즈 갓 탤런트'에 우승하며 일약 세계를 감동시키는 오페라 가수가 된 폴 포츠에 대해 들어보았을 것이다.

그는 영국 웨일스의 한 도시에서 휴대전화 외판원 일을 하고 있었다. 그러던 그가 영국 ITV의 '브리튼즈 갓 탤런트' 예선 무대에 섰다. 여기서 우승을 하게 되면 일약 스타로 떠오를 수 있어 수많은 사람들이 이 무대에서 경쟁하고 있었다.

무대 위에 선 폴 포츠의 표정에선 자신감을 찾아보기 힘들었다. 배는 볼록하게 나왔고 그가 입은 양복은 허름했다. 자세는 긴장된 듯 경직되어 있었다. 그리고 심사위원 중 한 명인 사이먼 코월은 독설과 혹평으로 참가자의 눈물을 쏙 빼는 것으로 유명한 사람이었다.

그러나 폴의 노래가 끝나자 관객들의 기립박수가 터져나왔고 사이먼도 독설 대신 "당신이 우리가 찾아낸 보석"이라고 찬사를 아끼지 않았다. 폴은 심사위원 만장일치로 준결승에 진출하고 결승전까지 진출, 결국 우승을 하게 되었다.

그의 이런 모습은 많은 사람들에게 감동으로 다가온다. 폴 포츠는 어려서부터 어눌한 말투와 행동 때문에 왕따를 당했다고 한다. 그런 그에게는 오페라 가수의 꿈이 있었다. 생업을 위해 휴대전화 외판원으로 일했지만 그의 가슴에 있는 꿈은 지워지지 않았다. 틈틈이 오페라를 연습하며 실력을 쌓았고 마침내 기회가 되어 꿈에 도전한 것이다.

많은 사람이 꿈을 가지고 살아간다. 그러나 이루지도 못할 꿈이라고 생각하고 남들의 비난이 두려워 조용히 포기하는 사람도 있고, 거창하게 목표만 세웠다가 실패할 것이 두려워 포기하는 사람도 있다. 그러나 실패를 두려워할 필요는 없다. 실패를 통해 교훈을 얻을 수 있다면 실패는 꿈을 이루어가는 하나의 과정일 뿐이다.

<u>아무것도 시도하지 않으면 성공도 실패도 없다. 인생 최고의 실패는 아무것도 시도하지 않는 것이다.</u>

출근하면서 필자가 경영하는 쌍용교육센터 입구에 매일 아침 쳐다볼 수 있도록 크게 슬로건을 걸어놓았다.

"사자의 심장을 가져라. 당신은 세상을 변화시키는 IT리더이다."

이 문구를 볼 때마다 가슴이 든든해진다.

사자는 목표물을 향해 전진할 때 절대로 두려워하지 않는다. 목표물을 놓치더라도 결코 좌절하거나 후회하지 않는다. 다른 목표물을 향해 전진할 뿐이다.

쌍용교육센터에 오는 교육생들의 대부분이 크든 작든 실패(면접, 직장, 사업, 대인관계, 연애, 결혼 등등)를 한 번쯤 경험한 사람들이라고 생각한다. 이들에게 IT 기술과 더불어 사자의 심장을 심어주고 싶다. 어떤 것을 시도하더라도 두려워하지 않는 자신감, 꿈과 비전, 리더십 마인드를 심어주고자 한다. 그들이 교육센터를 수료하고 세상에 나갔을 때 훌륭한 리더가 되고, 자신의 꿈을 실현하는 사람이 되리라 믿는다.

무엇을 시도하더라도 두려워 말자! 실패를 통해서도 더 많을 것을 얻고 더 큰 성공을 얻을 것이고 결국 꿈을 달성할 것이다. 실패는 더 큰 성공을 위한 하나의 과정일 뿐이다.

모두 자신의 꿈을 성취하는 멋진 사람이 되시기 바랍니다!

35 면접 성공의 비결

입사의 최종 관문이 면접이다. 면접 평가자 입장에서는 짧은 시간에 사람을 평가하는 데 있어 한계가 있다. 그래서 면접에 어떻게 준비하고 대처하는지에 따라 결과는 달라질 수 있다.

필자는 대기업에서 개발, 기획, 품질, 프로젝트 매니저 등 다양한 경험을 하였고 특히 인사팀장으로 12년 동안 근무했다. 그 당시 수많은 이력서(자소서)를 접하고 많은 면접을 통해 얻은 성공적인 면접 노하우를 몇 가지 소개하고자 한다.

1. '나' 라는 상품을 정확히 알자 (강점 부각, 약점 감춤)

우선 면접에 대한 전략적인 마인드가 필요하다. 입사를 위해 그 기업에서 필요한 강점을 부각시키고 그 기업에서 필요로 하지 않는 약점을 최대한 감추는 것이다. 솔직함을 드러낸다고 자신의 약점까지 언급하는 경우가 있는데 솔직함보다는 약점이 부각되어 좋지 않은 결과가 나타난다. 그러기 위해서는 기업에서 요구하는 입사 자격 요건인 채용 스펙에 대한 정보를 정확히 파악해야 한다.

2. 긴장하지 말고 자신감을 가져라 (실전처럼 사전 연습하라)

긴장을 하게 되면 자신이 하고 싶은 얘기를 충분히 표현하지 못하게 되고 횡설수설하게 된다. 이공계를 전공한 사람일수록 정답이 확실하지 않은 것을 대답할 때 목소리가 작아지는 현상을 종종 보게 되는데, 목소리가 작아지면 면접관이 보기에 자신감이 없어 보인다. 질문에 적합한 대답이든 아니든 배에 힘을 주고 목소리를 크게 자신감 있게 의사 표현하는 것이 중요하다.

아무리 실력이 있어도 긴장을 하게 되면 자신이 말하고 싶은 내용을 충분히 표현할 수 없다.

긴장하지 않고 자신감을 가지기 위해서는 실전처럼 사전 모의 면접을 해보는 것이 중요하다.

특히 면접 전날에는 친구에게 부탁해서(제일 좋은 것은 그 회사에 근무하고 있는 사람) 전화로라도 모의면접을 실시하면 자신감을 높일 수 있다.

3. 면접 회사에 대한 충분한 사전정보 습득 (지원 회사를 좋아하라)

누구나 자신에 대해 알고 자신을 사랑하는 사람과 친구가 되고 싶고 그런 사람을 좋아한다. 면접관 입장에서도 마찬가지다.

지원한 회사에 대해 잘 알고 있고 그 회사를 사랑하는 사람을 선호하게 된다.

"회사의 비즈니스 모델은?" "우리 회사에 대해 아는 대로 말하라." "경쟁업체에 대해 말해보라." "회사 상품을 이용해본 적이 있는가?"

"면접을 위해 무엇을 준비했는가?" 등등의 질문은 모두 회사에 대해 어느 정도 알고 있는지를 파악하고자 하는 것이다.

4. 복장, 외모 등 첫인상에 신경 써라 (밝은 표정 유지)

짧은 시간에 그 사람의 능력을 평가하기란 쉽지 않다. 10년 이상을 같이 살고 있는 부부라도 서로 잘 모르는 부분이 많은데 어떻게 면접을 통해 그 사람의 가치를 파악할 수 있겠는가? 결국 외모 등 첫인상이 면접 결과에 많은 영향을 준다. 면접장에 걸어 들어오는 모습을 보고, 자기소개하는 것을 보고 면접관들 대부분이 합격 불합격 여부를 판단한다(당연히 이력서(자소서)에서 많은 정보를 숙지한 상태이다).

따라서 면접장에 갈 때는 반드시 깔끔한 옷(없으면 빌려서라도), 머리 스타일 등 외형적인 것에 신경을 써야 한다.

5. 대화는 간결하게 하고 핵심을 잡아라 (장황하게 늘어놓지 말라)

질문의 의도를 정확히 파악하고 횡설수설하거나 장황하게 늘어놓는 것은 피해야 한다. 요즘같이 많은 사람을 면접할 경우 핵심을 얘기하지 못하면 곧 다음 질문으로 넘어가든가 다음 사람에게 질문이 넘어간다. 질문의 의도를 잘 몰랐을 경우에는 반드시 우물쭈물 답변하지 말고 면접관에게 "다시 한 번 말씀해주시겠습니까?" 하고 정중하게 물어보아야 한다.

Chapter 02 긴 말은 필요 없다

6. 자신의 정성을 보여라 (겸손하면서도 당당한 자세)

과장되거나 교만하게 보이는 사람은 물론 지나치게 겸손하게 보이는 사람도 면접에서 떨어진다. 요즘 준비된 인재를 채용하는 추세로 바뀌었는데도 당당함을 보이기보다 아직도 구걸하는 스타일의 표현을 하는 경우가 있다. "저를 뽑아만 주신다면……" "현재는 부족하지만……" "어떤 일이든 맡겨만 주신다면……" 등이 그러한 예다. 결론은 준비된 사람으로서 당당하면서도 겸손한 자세를 보여야 한다는 것이다.

7. 자기소개와 지원동기에 시간을 많이 투자하라 (철저히 소화)

자기소개와 지원동기는 예상 질문이기에 철저히 소화해서 면접관에게 준비된 인재라는 강력한 인상을 심어주어야 한다. 예상 질문인데도 자기소개 시 횡설수설한다든가 자신감 없이 표현한다든가 하며 자신의 능력을 어필하지 못한다면, 앞에서도 언급했듯이 자기소개만 끝났는데도 벌써 불합격으로 평가될 것이다. 면접 전날 밤 산에 가든 방안에서든 혼자 큰소리로 최소 스무 번 이상 연습을 하라.

8. 구체적인 예를 들어 설명하라 (추상적 어휘 자제)

예를 들어 성격을 얘기할 때도 단순히 책임감, 인내심, 리더십이 있다고 막연하게 얘기하는 것보다는 "어떠한 프로젝트를 맡았는데 어려운 상황에서 끝까지 완성을 했다." "어느 아르바이트를 하면서 많은 고객을 접하며 고객 서비스 마인드를 갖게 되었다."는 등 구체적인 사례를 들어 설명해야 한다.

9. 논리적으로 표현하고 2차적 질문에 대비하라 (답변에 대한 일관성 유지)

일관성을 다른 말로 표현하면 신뢰성이라 할 수 있는데, 면접관은 여러 가지 방법으로 신뢰성을 점검하는 질문을 한다.

예를 들어 취미가 독서라고 했다면 2차 질문에서 "최근에 읽은 책이 무엇인가?"라는 질문이 나올 수 있다. 그런데 "최근 취업준비로 읽은 책이 없습니다."라고 한다면 면접관은 일관성이 없는 것으로 인식하게 된다. 독서를 취미로 적어놓았으면 베스트셀러 책 몇 권에 대한 요약이라도 보고 가야 한다.

10. 스트레스를 가하는 질문에 당황하지 말자 (모든 질문은 면접을 위한 질문일 뿐)

최근에 들어와서 대기업을 비롯해 중소기업에서도 실력보다는 인격을 갖춘 인재를 원한다. 즉 고객의 불만에 감정적으로 대응하지 않는 사람, 프로젝트 중간에 무책임하게 그만두지 않는 사람, 외부의 유혹에 쉽게 현혹되지 않는 사람 등이다.

예를 들어 "얼굴이 창백해 보이는데 건강이 안 좋으신가 봐요?" 또는 "4년간 전공했으면서 그것도 모르세요?" 혹은 "분배를 주장하신다면 북한에 가서 사시지요?" 등 어떤 질문을 받게 되도 당황하지 말아야 한다. 면접장에서의 모든 질문은 면접을 위한 질문일 뿐이라는 것을 명심하라.

36 **지혜로운** 사람의 생활 **10계명**

우리 모두 살아가면서 지식보다는 지혜가 필요하고, 어리석은 자보다는 지혜 있는 자가 되기를 원한다. 삶 가운데 조금만 마음을 먹으면 실천할 수 있는 지혜로운 생활 10계명을 소개한다.

1. 말(언어)

말을 많이 하면 반드시 필요 없는 말이 섞여 나온다. 원래 귀는 닫도록 만들어지지 않았지만 입은 언제나 닫을 수 있게 되어 있다. "말이 씨가 된다."는 말이 있듯이 어느 말을 하든 미래에 그 말의 결과가 나에게 미친다. 좋은 말은 좋은 결실을 맺고 나쁜 말은 나쁜 결실을 맺는다.

2. 독서

돈이 생기면 일정 금액으로 우선 책을 사자. 옷은 헤지고, 가구는 부서지지만 책은 시간이 지나도 여전히 위대한 것들을 품고 있다. 책을 통해 멀리 있는 세상을 간접 경험하고 나의 지혜의 창이 넓어진다. 책을 읽는다고 미래가 보장되지는 않지만 책을 읽지 않는 사람에는 미래가 없다.

3. 행상의 물건

행상의 물건을 살 때에는 값을 깎지 말자. 그 물건을 다 팔아도 수익금이 너무 적기 때문에 가능하면 부르는 그대로 주라. 내가 필요한 물건을 사고도 남을 도울 수 있는 방법이다. 오늘 퇴근길에 동네 붕어빵 파는 행상이 있으면 붕어빵을 사가지고 가자.

4. 대머리

지금은 머리를 감으면 머리가 빠져 약간 걱정이 된다. 하지만 대머리가 되는 것을 너무 두려워하지 말자. 사람들은 머리카락이 얼마나 많고 적은가에 관심이 있기보다는 그 머리 안에 무엇이 들어 있는가에 더 관심이 있다. 외모도 중요하지만 내면의 아름다움을 가꾸자.

5. 광고

광고를 다 믿지 말자. 광고에 너무 현혹되어 의사 결정하지 말자. 울적하고 무기력한 사람이 맥주 한잔에 광고처럼 변할 수 있다면 이미 세상은 천국이 되었을 것이다. 광고는 소비자를 끌기 위한 중요한 수단일 뿐이다.

6. 하하하~ 허허허~

잘 웃는 것을 연습하자. 세상에는 정답을 말하거나 답변하기에 난처한 일이 많다. 그때에는 허허 웃어보자. 뜻밖에 문제가 풀리는 것을 보게 된다. 세상에서 가장 아름다운 소는 '미소' 다. 매일 아침 출근 전 거울을 보고 웃는 얼굴, 미소 띤 얼굴을 연습하자.

7. TV

텔레비전에 너무 많은 시간을 빼앗기지 말자. 그것은 켜기는 쉬운데 끌 때는 대단한 용기가 필요한 것이다. 가족 간의 건강의 척도는 대화다. TV는 대화를 단절시킨다. 꼭 필요한 것만 계획적으로 보자. 대신 대화를 많이 하자.

8. 손이 큰 사람

아무리 여유가 있어도 쓸데없이 낭비하는 것은 죄악이다. 돈을 많이 쓰는 것과 그것을 낭비하는 것과는 큰 차이가 있다. 불필요한 것에는 인색하고 꼭 써야 할 것에는 손이 큰 사람이 되자. 소외된 이웃에게도 관심을 갖는 따뜻한 손이 되자.

9. 화 (분노)

의학적으로도 경제적으로도 화를 받는 사람보다 화를 내는 사람이 훨씬 더 손해를 본다. 급하게 열을 내고 목소리를 높인 사람이 대개 싸움에서 지며, 좌절에 빠지기 쉽다. 화날 때는 말하기 전에 열까지 세어보라. 그래도 화가 나면 백까지 세어보라. 화가 진정될 것이다.

10. 기도

주먹을 불끈 쥐기보다 두 손을 모으고 기도하는 자가 더 강하다. 주먹은 상대방에게 상처 주고 자신도 아픔을 겪지만, 기도는 나를 살리고 모든 사람을 살릴 수 있기 때문이다. 세상에서 가장 기도를 많이 하는 민족이 이스라엘 민족이다. 그들은 작은 민족이지만 노벨상을 비롯해 세계 경제를 이끌어가고 있다.

멋진 사람이 되는 열 가지 비결

1. 힘차게 일어나라

시작이 좋아야 끝도 좋다. 육상선수는 심판의 총소리에 모든 신경을 곤두세운다. 0.001초라도 빠르게 출발하기 위해서다. 1년에 365번의 출발 기회가 있다. 출발이 빠른가 늦은가가 자신의 운명을 다르게 연출한다. 시작은 빨라야 한다. 아침에는 희망과 의욕으로 힘차게 일어나라.

2. 당당하게 걸어라

인생이란 성공을 향한 끊임없는 행진이다. 목표를 향하여 당당하게 걸어라. 당당하게 걷는 사람의 미래는 밝게 비쳐지지만, 비실거리며 걷는 사람의 앞날은 암담하기 마련이다. 값진 삶을 살려면 가슴을 펴고 당당하게 걸어라.

3. 오늘 일은 오늘로 끝내라

성공해야겠다는 의지가 있다면 미루는 습관에서 벗어나라. 우리가 살고 있는 것은 오늘 하루뿐이다. 내일은 내일 해가 뜬다 해도 그것은 내일의 해다. 내일은 내일의 문제가 우리를 기다린다. 미루지 말라. 미루는 것은 죽음에 이르는 병이다.

4. 시간을 정해놓고 책을 읽어라

책 속에 길이 있다. 길이 없다고 헤매는 사람의 공통점은 책을 읽지 않는 데 있다. 지혜가 가득한 책을 소화시켜라. 바쁜 사람이라 해도 30분 시간을 내는 것은 힘든 일이 아니다. 하루에 30분씩 독서 시간을 만들어보라. 학교에서는 점수를 더 받기 위해 공부하지만, 사회에서는 살아남기 위해 책을 읽어야 한다.

5. 웃는 훈련을 반복하라

최후에 웃는 자가 승리자다. 그렇다면 웃는 훈련을 쌓아야 한다.

자신을 돋보이게 하는 지름길도 웃음이다. 웃으면 복이 온다는 말은 그냥 생긴 말이 아니다. 웃다 보면 즐거워지고, 즐거워지면 일이 술술 풀린다. 사람은 웃다 보면 자신도 모르게 긍정적으로 바뀐다. 그냥 비시시 웃고 웃자. 그러면 웃을 일이 생겨난다.

6. 말하는 법을 배워라

말이란 의사소통을 위해 하는 것만은 아니다. 자기가 자신에게 말을 할 수 있고, 절대자인 신과도 대화할 수 있다. 해야 할 말과 해서는 안 될 말을 분간하는 방법을 깨우치자. 나의 입에서 나오는 대로 뱉는 것은 공해다. 상대방을 즐겁고 기쁘게 해주는 말, 힘이 생기도록 하는 말을 연습해보자. 그것이 말 잘하는 법이다.

7. 하루 한 가지씩 좋은 일을 하라

인생에는 연장전이 없다. 그러나 살아온 발자취는 영원히 지워지지 않는다.

하루에 크건 작건 좋은 일을 하자. 그것이 자신의 삶을 빛나게 할 뿐 아니라 사람답게 사는 길이다. 좋은 일 하는 사람의 얼굴은 아름답게 빛난다. 마음에 행복이 가득 차기 때문이다.

8. 자신을 해방시켜라

어떤 어려움이라도 마음을 열고 밀고 나가면 해결된다.

어렵다, 안 된다, 힘들다고 하지 마라. 굳게 닫힌 자신의 마음을 활짝 열어보자. 마음을 열면 행복이 들어온다. 자신의 마음을 열어놓으면 너와 내가 아니라 모두가 하나가 되어 기쁨 가득한 세상을 만들게 된다. 마음을 밝혀라. 그리고 자신을 해방시켜라.

9. 사랑을 업그레이드 시켜라

사랑은 아무나 하는 것이 아니다. 그런데도 아무나 사랑을 한다. 말이 사랑이지 진정한 사랑이라고 할 수는 없는 일이다. 처음에 뜨거웠던 사랑도 시간이 흐름에 따라 차츰 퇴색된다. 사랑에는 자기희생이 필요하고 지혜가 필요하고 인내(기다림)가 필요하다. 사람들이 약수터의 물을 먹을 때 적합 판정이 난 약수만 먹듯이, 사랑의 약수 물이 늘 신선하게 유지되도록 업그레이드 시키는 것이 필요하다.

10. 매일매일 점검하라

생각하는 사람만이 살아남는다. 생각 없이 사는 것은 삶이 아니라 생존일 뿐이다. 이제 자신을 점검해보자. 인생의 흑자와 적자를 보살피지 않으면 내일을 기약할 수가 없다. 저녁에 그냥 잠자리에 들지 마라. 자신의 하루를 점검한 다음 눈을 감아라. 그러면 나날이 향상하고 발전한다.

37 깨어진 유리창의 **법칙**

1982년 3월 범죄학자인 제임스 Q. 윌슨과 조지 L. 캘링이 〈월간 애틀랜틱〉에 발표했던 '깨진 유리창'이라는 글에 나왔던 깨진 유리창의 법칙에 대해 소개하고자 한다. (마이클 레빈의 《깨진 유리창 법칙》에서)

무시해도 좋을 만큼 사소한 일이란 없다. 작은 차이가 당신의 인생과 비즈니스의 운명을 바꾼다. 깨진 유리창 법칙이란? 간단히 말하면 고객이 겪은 단 한 번의 불쾌한 경험, 한 명의 불친절한 직원, 매장 벽의 벗겨진 페인트칠 등 기업의 사소한 실수가 결국은 기업을 쓰러뜨린다는 이론이다. "하나를 보면 열을 안다."라는 속담이 있다. 얼핏 보기에는 하찮은 것, 작고 사소한 것, 잘 드러나지 않는 것처럼 보이지만 고객들은 이를 인식하며 그 인식으로 인해 기업에 대한 어떤 이미지를 갖게 된다.

1%의 사소한 실수는 100-1=99가 아니라 0이다. 사소한 실수 하나가 전체를 무너뜨리기 때문이다.

그러나 깨진 유리창을 예방하고 수리할 수 있다면 100+1=200도 가능해진다. 우리는 고객보다 똑똑하고 세련됐다는 생각을 버려야 한다. 비즈니스에 대해 고객에게 설명하려 하지 말고, 고객이 우리에게 설명하는 말에 귀를 기울여야 한다. 테이프를 붙여놓는다고 깨진 유리창이 수리되는 것은 아니다. 깨진 유리창은 숨긴다고 해서 해결될 문제가 아니다. 빠르게, 그리고 제대로 깨진 유리창을 수리해야 한다.

가장 심각한 깨진 유리창은 사람인 경우가 많다. 비즈니스 목표를 이해하지 못하는 직원들, 회사 정책을 따르지 않는 직원들, 일반적인 기준 이상을 추구하지 않는 직원들은 공격적이고 진보적인 기업에 맞지 않다. 그들이 기업을 침몰시키기 전에 하선을 명령해야 한다. 아무리 논쟁해도 고객은 자신이 옳다는 믿음을 버리지 않는다. 깨진 유리창 이론에서 가장 중요한 문장 두 가지는 "죄송합니다."와 "어떻게 도와드릴까요?"이다.

지저분한 화장실은 강력한 부작용을 일으키는 깨진 유리창이다. 내부 인테리어가 우중충하고 카펫이 낡고 식탁이 닦여 있지 않다는 사실을 알게 된다면(특히 식당의 경우) 고객은 점점 떠날 것이다.

고객에게 나쁜 첫인상을 주는 또 다른 요소는 직원들이다. 고객의 문제를 해결하려고 노력하지 않는 나태하고 의욕 없는 직원들은 깨진 유리창이다. 고객은 직원 한 명이 아닌 기업 전체가 고객에 대해 그런 태도를 갖고 있지는 않은지 의심하게 되고, 돈을 내고 왜 이런 서비스를 받아야 하는지 회의하게 된다. 그리고 자신의 선택을 재고하게 된다. 단골 고객이 되려면 기업에 대해 적어도 한 번 이상의 긍정적인 경험을 갖고 있어야 한다. 사람들은 환영받을 수 있는 곳을 찾아간다. 환영받지 못하면 나쁜 인상을 간직하게 된다. 좋은 첫인상도 '최초'가 아니면 소용없다.

다른 기업과 차별화되려면, 다른 기업이 주목하지 않고 있는 깨진 유리창을 발견하고 수리해야 한다. 그리고 깨진 유리창이 발생한 이유를 정확하게 이해해야 한다. 그래야 완전한 수리가 가능하기 때문이다.

모든 직원은 기업을 대표하는 외교관이다. 가장 치명적인 깨진 유리창은 "고객, 당신이 틀렸소!"이다. 고객은 기업이 자신의 불평이 정당하다고 인정하며 그 문제를 해결하기 위해 최선을 다하는 모습을 보여주기를 바란다. 자신이(진짜든 상상이든) 기업의 깨진 유리창을 지적해준 것에 대해 기업이 감사해주기를 바란다.

한 명의 직원이 전체 직원을 물들인다.

만약 직원이 고객을 화나게 하는 행동을 해도 경고하지 않고 내버려둔다면 그의 나태하고 방종한 태도를 허락한다는 것과 같다. 더욱 위험한 것은 비효율적이고, 무관심하고, 나태한 직원 한 명을 내버려 둔다면 다른 직원들에게도 근무 태만 바이러스가 전염된다는 점이다. 그렇다면 상사의 역할은 무엇인가? 직원들에게 잘못된 친절은 베풀어서는 안 된다. '회사 정책'에 따르지 않을 때는 '당신의 문제를 이해한다. 그러나 업무 태도를 향상하지 않으면 해고할 수밖에 없다'라는 경고나 징계를 확실히 해주어야 한다. 또한 필요하다면 직원 교육(고객 서비스 등)을 다시 받을 수 있는 기회를 주어야 한다.

신종 전염병, '근무 태만 바이러스'. 직원들의 부적절한 업무 수행을 방치한다면, 즉 깨진 유리창이 사람들이라면, 바이러스처럼 다른 직원들에게도 전염된다. 형사범죄학에서 깨진 유리창 이론을 어떻게 설명했는지 떠올려보라. 무임승차, 낙서, 구걸 같은 경범죄를 내버려 둔다면 다른 강력범죄도 용납될 수 있다는 인상을 주게 된다. 마찬가지로 비효율적이고, 무관심하고, 나태한 직원 한 명을 그냥 두면 회사가 그러한 행동을 용납한다는 인상을 주게 된다. 침묵은 동의를 의미하기 때문이다. 그리고 다른 직원들은 무능력하고 게으른 직원을 모방하게 된다. 헌신적인 직원이 모범이 되지 못한다. 건강한 사람도 바이러스에 감염된 사람과 접촉하면 바이러스에 전염된다. 결국 모든 직원들에게 '근무 태만 바이러스'가 전파될 것이다.

깨진 유리창 법칙은 범죄학에 도입해 큰 성과를 거둔 '깨진 유리창 이론'을 비즈니스 세계에 접목한, 신선하면서도 예리함이 돋보이는 법칙이다. 깨진 유리창 법칙이란 간단히 말해 고객이 겪은 한 번의 불쾌한 경험, 한 명의 불친절한 직원, 정리되지 않은 상품, 말뿐인 약속 등 기업의 사소한 실수가 결국은 기업의 앞날을 뒤흔든다는 것이다. 우리들이 깨진 유리창 법칙에 주목해야 하는 이유가 바로 여기에 있다.

이 글을 계기로 나의 깨어진 유리창, 내가 속한 조직의 깨어진 유리창을 한 번 점검하는 계기가 되었으면 한다. 필자인 나를 비롯해 이 글을 읽는 모든 분들은 자신의 작은 깨어진 유리창으로 인해 속한 조직 전체가 깨어지는 일은 없을 것입니다.

38 구맹주산, 고객과 **눈을 맞추라**

어느 주막 입구에 주인이 자식처럼 아끼는 영리한 개 한 마리가 있었다. 그 개는 낯선 사람만 보면 짖어대고 무척 사납게 굴었지만 주인은 그 사실을 전혀 알지 못했다. 시간이 지날수록 고객은 오지 않고 파리만 날리는 날이 많아졌다. 고객이 오지 않으니 술이 남아돌아 술이 쉬게 마련. 사나운 개 때문에 고객이 오지 않는 것인데 주인은 인식하지 못하고 오지 않는 손님만 탓했다. 이를 구맹주산(拘猛酒酸, 사나운 개 때문에 술이 쉰다는 뜻)이라 한다.

위의 사례처럼 훈련받지 않은, 고객 마인드가 없는, 친절하지 않은 직원을 고객의 접점에 배치하는 것은 오는 고객을 쫓아내는 것과 같다고 할 수 있다. 어떤 회사라도 고객만족경영을 주장하지 않는 회사는 없을 것이다.

예전에 대출심사를 담당하는 산업은행의 모 부장과 식사를 같이 했는데 심사기준표에 고객만족 관련 평가항목이 많이 반영되어 있다고 말했다. 재무제표가 가장 중요한 심사기준인 줄 알았는데, 재무제표는 지나간 자료로서 과거에 잘했다고 미래에 잘한다는 보장을 못하기 때문에 꼭 회사를 방문해서 화장실의 청결 상태, 사무실 분위기, 고객의 접점에서 일하는 직원들의 친절도 등을 평가항목에 반드시 반영하고 있다는 것이다. 예전에 비해 대출이 쉬워지기도 했지만 산업은행의 대출심사 기준에 통과하면 여기저기 은행에서 대출을 해줄 정도로 대출심사가 까다롭기로 유명하다.

한 기업의 고객만족도는 첫째, 고객과의 접점에서 일하는 직원의 태도와 얼굴 표정을 보면 알 수 있다. 그 사람의 태도에 따라 고객이 느낄 수 있는 감정은 수없이 많다.

둘째, 사용하는 용어에서 고객 입장인지 아닌지를 느낄 수 있다. '표 파는 곳', '현금자동지급기', '버스 정류장', '신차 발표회', '동사무소' 등은 고객 입장이 아닌 기업 입장에서 사용된 용어라 할 수 있다. 고객 입장으로 바꾸면 '표 사는 곳', '현금자동출금기', '버스 승강장', '신차 관람회', '주민센터' 가 되어야 할 것이다. 작은 것이지만 고객의 눈높이에서 생각하는 마인드가 중요하다고 생각된다.

셋째, 한 고객이 상품을 재구매한다면 고객만족도가 높다고 할 수 있다. 덧붙여 고객이 다른 사람에게 상품 구매를 적극 추천한다면 당연히 고객만족도가 더욱 높아지는 것이다.

얼마 전 쌍용교육센터 취업과정 교육생 면접을 보았는데 면접 대상자의 50% 정도가 쌍용교육센터 수료생의 추천과 소개로 지원하게 되었다고 언급했다. 면접을 보면서도 CEO인 내가 기분이 좋았다. 상품의 추천이 많다는 것은 고객만족도가 높다는 것이기 때문이다.

여기서 간과해서는 안 되는 것이 있다. 직원 자신이 만족하지 않고 고객을 만족시키는 것은 쉽지 않을 거란 생각이 든다. 고객을 대하는 직원의 마인드도 중요하지만, 경영자는 고객만족과 더불어 직원 만족을 위해 작은 것부터 관심을 가지는 것이 중요하다고 본다. 결국 고객만족은 전 임직원이 함께하는 기업 문화로 정착되어야 할 것이다.

고객만족 경영으로 유명한 사우스웨스트에어라인의 채용 기준을 소개한다.

"우리는 남의 말을 잘 들어주고, 다른 사람을 생각하고, 미소를 잘 짓고, 감사합니다라는 말을 잘하는 다정한 사람을 찾습니다."

<u>나의 주변에 있는 모든 사람이 나의 고객이다. 고객만족은 작은 친절에서부터 시작된다.</u>

39 현명한 "NO"를 말하자

암을 비롯한 모든 병의 근원이 스트레스라고 한다. 그런 사실을 알면서도 우리는 누구나 스트레스를 받고 살아가고 있다. 많은 스트레스 요인 중에 하나는 "NO"라고 해야 할 상황에서 "YES"라고 말하는 것이다. 나 역시 예외는 아니다.

어떻게 하면 현명하게 상대방 기분을 상하게 하지 않으면서 "NO"를 말할 수 있는지 한 번 생각해보자.

우리는 자신의 업무 속에서 바쁘게 살아가면서도 늘 다른 사람들로부터 부탁을 받고 있다. 심지어 가끔은 다른 사람의 부탁 때문에 자신의 업무가 뒤로 밀리는 경우도 있다. 성실하고 신뢰받는 사람으로 인정받기 위해서는 무조건 부탁을 받아들여야만 하는 것일까? 아니다. 오히려 진짜 믿음직하고 책임감 있는 사람은 '현명한 NO'를 할 줄 아는 사람이다. 그렇다면 어떻게 의미를 전달해야 인간관계를 해치지 않으면서 현명하게 부탁을 거절할 수 있는 것일까?

만약 소중한 일이라고 정한 자녀와의 약속을 지키기 위해서 집에 일찍 들어가려는데 오랜만에 연락이 닿은 친구가 "오늘 나하고 술 한잔 하는 것이 어떤가?"라고 한다면 어떻게 해야 할까? 물론 그 친구와 약속을 잡고 소원했던 친구 관계를 되살릴 수도 있겠지만, 만약 그 만남이 그다지 의미 있는 만남이 되지 못할 것이라고 판단된다면 "No"라고 말할 수 있어야 한다.

"그래, 나도 만나고 싶은데 오늘 내가 진짜 중요한 약속이 있어. 내일 저녁은 괜찮은데."

이렇게 대답을 한다면 그 친구가 "그 중요한 약속이 뭔데?"라고 묻지는 않을 것이다. 마음에서 정한 약속, 그 중요한 약속은 자기 내면과의 약속이다. 그것을 다른 사람들과의 갑작스러운 약속보다 중요하게 여기고 진심으로 자신과의 신뢰를 위한 "No"를 말한다면 그 친구도 당연히 이해를 해줄 것이다.

자신의 업무가 잔뜩 밀려 있는데 어떤 동료가 와서 "당신이 이번 프로젝트에 관한 자료들을 많이 다루고 있으니 이 자료에 대한 통계를 좀 만들어달라"는 부탁을 한다면 어떻게 해야 할까?

"내가 그 일을 꼭 해주고 싶은데, 내일까지는 그 일을 할 여력이 없네. 하지만 내가 도와줄 수 있는 방법을 찾아보지. 내가 가지고 있는 그 통계들을 자네에게 주면 도움이 될 수 있을 것 같은데 어떨까?"

"내가 사실 지금은 할 일이 너무 많아서 지금은 불가능하네. 혹시 가능하다면 다음 주에는 내가 도와줄 수 있는데……."

아마도 그 일은 지금 당장의 요구일 것이고 내가 다음 주에 도와줄 수 있을 거라고 말한다면 그 친구는 "아니야, 됐어. 내가 하지."라고 이야기할 것이다.

오늘 오후에 중요한 프레젠테이션이 있어 빔프로젝터를 사용해야 하는데 갑자기 친한 지인이 오후에 사용할 일이 있어 빌려달라고 했을 때는 어떻게 거절할 것인가?

"오후에 중요한 발표가 있어 빌려줄 수 없다."라고 단도직입적으로 말하면 상대방도 기분이 나쁠 것이다. "제가 오후에 중요한 발표가 있어서 발표 이후에 제가 빌려드리도록 하겠습니다."와 같이 정중한 거절과 함께 다른 제안을 한다면 상대방의 기분을 망치지 않고 현명하게 거절할 수 있을 것이다.

상대의 부탁을 거절할 때 진심으로 느껴지지 않는 변명이나 이룰 수 없는 약속을 하는 것보다 좀 더 현명한 방법들을 찾아 나의 마음과 의미를 전달한다면 누구라도 이해하고 신뢰도 잃지 않을 수 있다.

현명한 "No"를 말하여 스트레스도 줄이고 자신의 소중한 것을 위한 우선순위를 놓치는 일이 없도록 했으면 한다.

40 성공한 사람들의 **좌우명**

필자가 겸임교수로 있는 서울여자대학교의 제자들이 성공 모델 인터뷰를 한 내용 중에서 여러분에게 소개할 만한 이야기가 있어 여기에 실어본다. 바로 그들의 인생 좌우명이다.

1. CEO 오경수

(전 롯데정보통신 대표이사, 지식정보보안산업협회 회장, 한국S/W산업협회 명예회장, 삼성그룹 출신 벤처 CEO , 고대 벤처클럽 부회장)

▶ 道吾惡者 是吾師. 道吾善者 是吾賊. -명심보감 정기편

그의 인터뷰 내용이다.

"사람이 살아가면서 하는 행동 중에는 바른 행동도 있겠고, 때로는 바르지 못한 행동도 있을 것입니다. 그런데 내 지위가 높다고 해서 내 주위에 있는 사람들이 모두 내가 한 일이 다 바르고 옳다고만 말해준다면 나는 내가 한 행동 중에 잘못된 행동도 잘못된 줄 모르고 그 잘못된 행동을 잘하는 행동인 양 자꾸만 반복하게 될 텐데, 그것은 옳은 일이 아니라 생각해요. 그러니 내가 하는 행동 중 바르지 못한 행동을 할 때에

는 나보다 어린 사람이든 그 사람이 누구든 나의 잘못된 행동이라고 직언을 해주는 사람이 있을 때 나는 이 행동이 바르지 못한 행동이로구나 라고 생각하고 그때그때 고쳐나가 진실로 바른 사람이 되고자 바랐기에, 현재 이러한 좌우명을 삼게 되었지요. 그리고 어느 누구를 만나든 그 사람에게서 배울 점이 있다고 생각합니다."

2. 저자 안석화

《너의 무대를 세계로 옮겨라》의 저자, 중국 럭셔리 스파 CEO)

▶ Never give up!

절대 포기하지 말고 항상 도전하라.

▶ Life is mine.

부모님, 선배에 의해 결정하지 말고 자신의 의사에 따라 결정하라.

▶ Do what you want to do.

이는 그가 딸에게 자주 해주는 말.

3. CEO 이영석

('자연의 모든 것' 대표이사, 총각네 야채가게 대표이사)

▶ 인생은 알콜이다.

그의 이 독특한 좌우명에는 무엇이든지 취해서 하자는 뜻이 담겨 있었다. '하기 싫으면 즐겨라' 의 시대는 지났다. 남들은 전혀 따라올 수 없을 정도로 한 가지 일에 매달려서 해야 성공한다.

4. 서울여대 총장 이광자

(전 서울여자대학교 총장, 서울복지재단 이사장)

▶ 실패는 약이다.

실패를 계기로 더 열심히 할 수 있게 되기 때문에 실패는 동기부여가 된다. 실패에 낙망하거나 그치지 아니하고 실패 요인을 분석하여 부족했던 점, 실패의 요인들을 보완하면 더 훌륭한 성공을 이룰 수 있다.

▶ 진인사대천명(盡人事待天命).

이는 사람으로서 할 일을 다 하고 하늘의 명을 기다리라는 뜻이다. 매사에 내 할 일에 최선을 다하고 그 결과는 하나님께 맡기고 내려놓자는 신념이다.

▶ 겸손함.

다음은 총장님의 인터뷰 내용이다.

"솔직히 총장이 되기 전에는 겸손하지 못했다. 총장 일을 하게 되면서 거의 도를 닦는 수준이 되면서 겸손하려고 노력하고 있다. 하나님 앞에 선 난 아무것도 아니다. 잘난 척해봤자 아무 소용없다. 그리고 주변 사람의 도움 없이는 아무것도 할 수 없기 때문에 무조건 겸손해야 한다."

5. CEO 유상옥

(코리아나 화장품 대표이사 회장, 대한 화장품 공업협회 회장)

▶ 守素明德開物成務.

"본분을 지키고, 덕을 밝히며, 물품(경제)을 개발하여 직무를 성취하라."는 내용의 이 글은 일중 선생의 회갑기념 서집에 수록된 것이다. 지금도 그의 사무실에 걸려 있고 때때로 젊은 사원들에게 이 글을 설명하곤 하는데, 이제 생각해보니 이 글이 그의 생활의 모든 것을 여덟 자로 표현한 것이라 한다. 이 글은 그와 사원들에게 무언의 교훈을 주기도 하며, 늘 그 자신을 채찍질하면서 하루하루의 일을 즐겁게 해나가게 한다고 한다.

당신의 좌우명은 무엇입니까?
이번을 계기로 자신의 좌우명을 한 번 되새기는 기회가 되었으면 합니다.

개성 있는 명사 10인의 좌우명은?

1. 김현빈 박사 (한국전자통신연구원, 디지털콘텐츠연구단 책임연구원)

· 좌우명 : "제 자신에게는 여유를, 상대방에게는 배려를, 일에는 열정을."

그에게 성공이란, 남들이 가지 않은 길을 먼저 가보는 것.

2. 윤생진 대표 (선진D&C대표, 전 금호아시아나 그룹 전무, 생산직 고졸 출신 최초 임원,《미치게 살아라》 저자)

· 좌우명 : "나는 할 수 있다. 나는 성공할 수 있다."

그의 성공 요인은 메모하는 습관과 붙임성, 인간관계. "항상 위기의식을 가지고 어떤 일에 대한 애착심으로 열정과 목표를 정하고 그것에 미쳐라."

3. 현창홍 지점장 (전 우리은행 지점장)

· 좌우명 : "현재를 행복하게."

그는 성공 요인으로 하루 세 시간씩의 자기계발과, 현재 일에 최선을 다해 매진하는 태도, 항상 고객 입장에서 생각하고 고객이 만족할 때까지 일하는 것을 꼽는다.

4. 최원일 대표 (Pacific Linc Corp. 대표)

· 좌우명 : "If you never try, you will never know." (시도하지 않는다면 아무것도 알 수 없을 것이다.)

"어떤 직종 어떤 직위에서든 책임감이 제일 중요하며, 책임감과 끈기가 없이는 장기적으로 어떠한 성과도 내기 어렵다."

5. 이정규 대표 (현 파워젠 대표, 전 대우정보시스템/PWC 근무)

· 좌우명 : "정보는 힘이다."

그는 지식 활용의 힘을 강조한다. 그의 성공 요인은 정확한 비전과 사업에 맞는 인적 자원 그리고 고객에 대한 마인드.

6. 유순신 사장 (유앤파트너즈 사장, 전 유니코써치 CEO)

· 좌우명 : "항상 최선을 다하고 결과는 하늘에 맡긴다."

그의 성공 마인드는 긍정적인 사고방식과 감사하는 마음이다.

7. 정혜전 사장 (피앤티컨설팅 사장, 대한항공 승무원, 대통령특별기 코드원 기내 담당)

· 좌우명 : "무엇이든 열심히 하자." "해보지도 않고 안 된다, 못 한다 하지 마라."

그가 성공의 조건으로 꼽은 것은 '많은 사람과의 관계 형성(인맥)', '신뢰감', '어떤 상황에도 열심히 하는 자세(노력)'.

8. 김태호 PD (MBC 무한도전 PD, MBC방송연예대상, 시청자가 뽑은 올 해의 예능프로그램상)

· 좌우명 : "인생은 축제다. 즐겁게 살자."

그의 성공 요인은 '2등 컨셉트'. "1등을 하면 결국 아래로 떨어지기 마련이다. 2위 정도로 오래 가고 싶다. 1등이 된다면 당연히 주목받게 되고, 그만큼 약간의 실수도 주변에서 용납하지 않는다."

9. 김경호 원장 (전 현대백화점 인재개발원장, 한국서비스대상 수상)

· 좌우명 : "見賢思齊焉 見不賢而內自省也." (어진 사람을 보면 그와 같이 되기를 생각하며, 어질지 못한 사람을 보면 스스로 깊이 반성한다.)

그의 성공 요인은 '성실과 끝없는 도전, 그리고 노력'. 하루 24시간을 항상 계획성 있게 나눠 쓰고, 자신에게 주어진 업무가 어떤 것이든 그 속에서 항상 최고가 되자 생각하면서 일에 임한다. "아직까지 저는 제가 한 번도 게을리 살아왔다고 생각한 적이 없어요. 지금까지 직장생활 하면서 잠시라도 자리에 앉아 졸아본 적이 없죠. 그래야 치열한 사회에서 살아남을 수 있어요. 너무 삭막한가요?"

10. 배정국 대표 (사람과이미지 대표, 전 삼성SDI 기획실/홍보실 근무)
· 좌우명 : "믿되 의지하지 말자."

의지라는 것이 주는 나약함과 의지 그 자체만을 믿는 사람에게 실망한 경험이 있고 자기를 그 누구에게 의지하지 않음으로써 상처받지 않기 때문이라 한다. 그의 성공 마인드는 "삶에 끈기를 가져라." 자신의 직업이 아무리 좋다 하더라도 직업에 대해 슬럼프를 느낄 때가 있으니 그에 빠져들지 않도록 삶에 대해 끈기를 가지는 것이 중요하다.

41 무엇을 하든 당당하게 행동하라

토머스 버츠가 쓴 《어둠속의 호랑이》에 나오는 내용을 소개한다. 베일리 서커스단이 바르눔이라는 곳에서 공연하는 동안 난데없이 정전이 되었다. 짧은 시간이었지만 관객들과 곡마단은 그야말로 칠흑 같은 어둠속에서 숨을 죽이고 있었다. 그때 마침 조련사가 호랑이 우리 안에서 작업을 하고 있었기 때문에 매우 위험한 순간이었다.

불이 들어왔을 때 사람들은 안도의 한숨을 내쉬었다. 조련사가 살아 있었기 때문이다. 나중에 텔레비전 방송사와 신문사 기자들이 인터뷰하면서 조련사에게 물었다.

"호랑이들과 함께 우리 안에 있을 때 어떤 느낌이었습니까? 호랑이들은 당신을 볼 수 있었지만 당신은 그들을 볼 수 없었을 텐데요."

조련사가 대답했다.

"호랑이들은 내가 그들을 볼 수 없다는 것을 알지 못합니다. 그래서 나는 평소대로 채찍을 휘두르며 명령을 했지요."

이 글을 읽는 여러분이 호랑이 조련사였다면 불 꺼진 우리 안에서 어떻게 행동했을까?

면접장에 갈 때나, 중요한 사항을 최고경영자에게 보고할 때나, 선을 보러 갈 때나, 중요한 청중들 앞에서 강연을 할 때나, 중요한 비즈니스에서 협상을 할 때 등등 우리는 세상을 살아가면서 위와 같은 유사한 상황을 많이 만나게 된다.

혼자 준비할 때 혹은 후배나 편한 친구들 앞에서는 쉽게 말을 하다가도 위와 같은 중요한 상황이 되면 불 꺼진 호랑이 우리 안에 있는 보통의 조련사들처럼 마음이 불안하고 두려움을 느낄 것이다.

미국 사람 대상으로 두려움을 느낄 때가 언제인가라는 설문조사를 한 적이 있다. "죽음에 대해서", "어둠속에서 혼자 내버려졌을 때", "많은 청중들 앞에 설 때"라는 응답이 제일 많이 나왔다.

누구나 중요한 사람들 앞에 서면 심리적으로 두려움을 느끼게 되고 자신감이 없어진다.

이제부터는 면접을 볼 때도, 많은 청중들에게 강연할 때도, 엄격한 사장님에게 보고할 때도, 어떠한 중요한 상황에서도 불이 꺼졌다는 것을 의식하지 말고 불이 켜진 것처럼(친구에게 편하게 얘기하는 것처럼) 자신 있는 목소리로 당당하게 말해보라. 그러면 훨씬 더 좋은 결과가 나올 것이다.

특히 면접을 앞둔 면접 대상자 분들이여, 면접장에서 당당하게 행동하고 자신 있게 말하자. 면접 평가자는 피면접자 내면의 상태를 잘 알 수 없을뿐더러 당신의 능력과 잠재력을 평가할 수 있는 혜안을 갖고 있지 않다. 다만 외형적인 이미지와 피면접자가 말하는 내용을 보고 평가할 뿐이다. 아무리 잠재적인 능력이 뛰어나도 당당하지 못해 목소리가 작아지면 평가자들은 자신감 없고 도전의식이 없다고 평가할 것이고, 결국 불합격의 고배를 마실 것이다.

이 글을 읽는 모든 분들이여, 지금 이 순간부터는 무엇을 하더라도 당당하면서도 겸손하게 행동합시다. 그러면 여러분 앞에 멋진 미래, 풍성한 미래가 펼쳐질 것입니다.

42 취업에
적합한 **인재**란?

이번에는 기업이 어떤 사람을 원하고 면접 시 어떤 질문을 자주 하는지 간략히 언급해보겠다. 기업이 원하는 'Right Person'에 대해 능력과 인격과 의사소통 능력의 세 가지로 정의하고 싶다.

첫째, 돈 벌 수 있는 역량, 다른 말로 자신이 지원한 분야의 직무수행 능력을 갖춘 자를 원한다.

우선 기업이 무엇을 하는 곳인가? 당연히 이윤을 추구하는 곳이라는 것을 모르는 사람은 없으나 이력서(자소서)를 보고, 면접을 보면(필자는 대기업에서 인사팀장, 중소기업 CEO로서 20년 이상 면접을 보아왔다) 기본 사실도 모르는 지원자들을 종종 보게 된다. 실제 자소서에 있는 사례를 소개하면, "저는 일에 대한 욕심이 많다고 생각합니다. 그래서 귀사의 자금 관련 업무는 저에게 많은 배움의 일터가 될 것이라는 확신을 합니다." 기업은 배움의 일터가 아니다. 당연히 서류전형에서 탈락했다.

둘째, 최근 들어 능력보다 더 중요하게 여기는 것이 사람 됨됨이(성격, 인격, 인성 부분)다.

면접에서 인격을 테스트하기 위해 압박 면접, 스트레스 면접, 카드 면접, 술자리 면접 등 다양한 형태로 그 사람의 됨됨이를 평가한다. 예를 들면 "경영학 전공했으면서 이것도 모릅니까? 이것도 모르면서 우리 회사에 지원했습니까?"라거나 "얼굴이 아픈 환자처럼 보입니다. 그런 건강치 못한 사람은 우리 회사에 적합하지 않습니다."와 같은 질문으로 면접자를 자극한다. K기업에서는 집단토론의 주제로 '성장과 분배'를 주고, 한 참가자(스파이가 투입됨)가 "분배를 주장하면 북한에 가서 사시지 왜 K기업에 지원해서 경쟁률을 높입니까?"라면서 토론자들의 화를 돋워 그 반응을 보고 합격 여부를 결정하기도 했다.

셋째, 아무리 능력이 있고 사람 됨됨이가 되어 있더라도 뭔가를 제대로 표현할 수 없는 사람은 불리하다.

그 사람이 아무리 많은 지식과 기술을 가지고 있어도 면접관은 그 사람이 말하는 내용을 보고 평가할 수밖에 없다. 그래서 요즘은 여성들이 남성들보다 면접에서 높은 점수를 받고 있다. 집단 면접에서 여자들만 있고 그중에 남자가 한 사람 끼어 있다면 일명 '죽음의 조'라 일컬어질 정도이다. 따라서 면접에 임할 때는 자신의 생각을 잘 표현하는 연습을 할 필요가 있다. 예를 들어 면접 시 목소리가 작아질 때 면접관은 평가표에다 "목소리가 작다."라고 평가하는 대신 "자신감이 결여되어 있다."라고 평가를 한다. 면접자의 질문에 당당하게 자신의 의견을 잘 표현하도록 하자.

한마디로 요약하면 면접 합격을 위해서는 지원 분야에 대해 직무능력을 갖추고, 인격적인 사람임을 드러내고, 자신의 의사를 당당히 표현하는 사람이 되어야 한다.

면접 시 자주 나오는 질문 유형

[나(구직자)에 대한 질문 유형]

▷ 대학 입학 후 전공이 본인에게 맞는지에 대해 고민해봤나요?

▷ 재수(또는 삼수)를 한 이유는 무엇인가요?

▷ 본인의 장, 단점에 대해 말해보세요.

▷ 본인을 대상으로 놓고 SWOT분석을 해보세요.

▷ 인생에 좌우명이 있다면 무엇입니까?

▷ 10년 후 본인의 모습에 대해 말해보세요.

▷ 자신이 지원한 직무에 적합한 이유를 세 가지만 들어보세요.

▷ 자기소개를 독창적으로 해보세요.

▷ 회사가 OO씨를 뽑아야 하는 이유가 무엇인가요?

▷ 이공계를 나왔는데 왜 영업부서를 지원했나요?

▷ 주말에는 어떻게 시간을 보내나요?

▷ 가장 존경하는 인물은 누구이며, 그 이유는 무엇입니까?

▷ 지금까지 살아오면서 가장 행복했던 때와 그렇지 않았던 때는 언제 입니까?

[적(회사)에 대한 질문 유형]

▷ 우리 회사에 대해서 아는 대로 말해보세요.

▷ 회사의 인재상과 그 인재상에 맞춰서 어떤 노력을 했는지 말해보세요.

▷ 전년도 우리 회사의 매출액과 영업이익을 아십니까?

　그것을 보고 어떻게 생각하셨나요?

▷ 우리 회사 비즈니스 모델에 대해 설명해보세요.

▷ 우리 회사 제품 중에 써보신 것이 있나요? 경쟁사 대비 장단점은?

▷ 지금 화장을 하고 오셨는데 우리 회사 제품 사용하셨나요?

　타 회사 제품과 비교했을 때 어떤 면이 부족하다고 느꼈나요?

▷ 제가 1억 원을 드리겠습니다. 투자 포토폴리오를 구성해보세요.

▷ 어제 우리 회사의 주식이 얼마였는지 아시는지요?

[IT 분야 직무 질문 유형] (다른 직무 관련 질문은 별도이다.)

▷ SI(System Integration), IT 서비스가 무엇인지 설명해보십시오.

▷ SI 비즈니스의 영역에 대하여 설명하시오.

▷ IOT 정의와 응용분야에 대해 설명하세요.

▷ 스마트OS 종류와 특징에 대해 설명하세요.

▷ 데이터베이스의 종류를 두 가지만 말해보시오(오라클, MS-SQL 등).

▷ 기업 내 ICT의 역할에 대하여 설명하시오.

▷ 당신의 ICT기술 활용 정도는?

▷ 자신 있는 ICT관련 주제로 2분간 스피치하시오.

▷ ICT기술 발달의 순기능과 역기능은?

▷ ICT최신 이슈에 대한 질문(빅데이터, 클라우드, OTO-on to off, IOT, 웨어러블 등).

▷ 직무별 전공 심화 질문은 별도 진행된다.

43 당신의 무기는?
고수는 연장부터 다르다

넓은 대평원에서 치열한 전투가 한창이다. 철갑 기병대가 전차와 대포로 무장한 기계화 부대와 대치하고 있다. 전차의 위력을 전혀 알지 못하는 기마병들은 승리를 다짐하며 큰소리로 고함을 지르고 있다. 보나마나 지는 전쟁인 것은 너무도 자명하다.

수천수만의 기병부대가 대포로 무장한 전차부대에게 추풍낙엽처럼 하나둘씩 쓰러져간다. 거리가 좀 멀다 싶은 곳에는 대포를 날리고 가까운 곳은 그냥 전차로 밟아 전장은 순식간에 피로 물들었고 잿더미로 변한 기병대의 시체들만 나뒹굴었다.

놀랍게도 이는 2차 세계대전 당시 강국이었던 독일과 폴란드 사이에서 벌어진 실제 전쟁 이야기다. 무기 제조에 대한 관심도, 국방에 대한 위기의식도 전혀 없었던 폴란드의 구식 기병대가 무서운 화력을 앞세우고 전격전을 펼치는 독일군에 대항한다는 자체가 말도 안 되는 얘기다.

그럼 우리의 경쟁 무기는 과연 무엇인가?

비즈니스 세계든 취업의 세계든 현재의 시장 환경은 전쟁터나 마찬가지다. 전쟁을 하려면 무기가 필요한 것은 물론이다. 가장 예리한 무기, 가장 살상력이 풍부한 무기, 가장 효과적이고 실용적인 무기가 승리의 길로 이끈다.

프로젝트 경험, 전문기관 교육 수강, 자격증 취득, 인턴 경험, 아르바이트 경험, 공모전 입상 등등 아무런 스펙도 없이 취업 전선에 뛰어들지는 않았는가? 또 아무 경쟁 무기 없이 시장에 뛰어들지는 않았는가? 우리가 그 무모하고 맹목적인 폴란드 군인은 아닌지 돌아보아야 한다.

중국 춘추전국시대 제나라에 사냥을 좋아하는 사내가 있었다. 그러나 어찌된 일인지 매번 허탕을 치고 그 흔한 토끼 한 마리도 잡지 못했다.

그는 사냥을 포기하고 마음을 잡으며 농사에만 전념했다. 가을이 되어 여름 내내 흘린 땀의 결과를 거둬들였다. 그러나 뭐가 잘못되었는지 수확량이 다른 집과 비교해 형편없이 적었다.

사내는 고민에 빠졌다. 왜 사냥을 나가도 늘 빈손으로 돌아오고, 농사를 지어도 겨우 흉작이나 면하는 꼴이 되는지 궁금해진 것이다. 고민 끝에 마침내 그는 그 비밀을 알아냈다.

그에겐 훌륭한 사냥개가 없었고 질 좋은 비료가 없었던 것이다. 사냥개를 갖게 된 후 사내의 손과 어깨는 언제나 포획물로 가득했고, 결국 멋진 사냥꾼이 되겠다는 꿈을 이루게 되었다.

"일을 잘하려면, 우선 좋은 도구부터 챙겨라."라는 말이 있다. 총에 탄

환이 장착되어 있는지, 칼의 날은 잘 서 있는지, 일하는 방법이 비과학적이지는 않은지, 면접에서 승리할 도구는 있는지 모두 세심한 점검이 필요하다.

수시로 총을 닦고 칼을 갈고, 무공을 연마하는 것이 개인이나 기업이 성공의 길로 가는 필수 조건이다.

여러분도 지금부터 현재의 도구를 점검하고 나에게 필요한 도구는 무엇인지 잘 파악하여 인생에서 올림픽 금메달 같은 축복의 열매를 듬뿍 맺기 바란다.

44 첫인상 5초의 법칙

　모 기업 회장은 사장 후보자와 골프를 치다 그를 사장 후보에서 제외시켰다.

　"골프를 치는데 티샷한 볼이 오비가 났습니다. 코스가 구부러져서 잘 모르겠지만 숲 속으로 들어간 것이 분명했습니다. 자주 오는 곳이라 훤하거든요. 근데 그 후보자가 캐디에게 빨리 가서 회장님 볼을 오비가 아닌 것으로 하라는 말을 제가 우연히 엿듣게 된 겁니다. 제 딴에는 나를 위한다고 한 것 같은데 저는 그 순간 저 친구는 안 되겠다라는 생각을 하게 되었습니다. 그런 사람은 목적을 위해서는 수단과 방법을 가리지 않을 사람입니다. 아주 위험한 사람이지요. 그리고 그런 윤리성은 하루 아침에 만들어지지도 않고, 가르친다고 개선되는 것도 아닙니다. 똑똑하고 실력은 있지만 아무 갈등 없이 그를 포기했습니다."

　그는 일은 잘하는 임원이었지만 작은 것을 소홀히 한 결과 사장 후보에서 탈락하는 불행을 맞보게 되었다.

　우리는 매일 사람을 만난다. 처음 만난 사람에게 명함을 건네주고, 악수를 하고, 전화를 하고, 메일을 보내고 하는 것은 거의 일상화되어 있다. 이런 작은 만남에서 어떻게 대처하느냐에 따라 사업이 성사되기도 하고 실패하기도 한다. 작은 차이가 명품을 만든다는 말이 있듯이 우리가 무심코 한 사소한 작은 행동이 그 사람의 운명을 좌우하기도 한다.

첫인상을 좋게 하는 명함 건네기, 악수하기, 전화하기, 메일 보내기에 대해 간단히 언급해보고자 한다. (한경,《첫인상 5초의 법칙》에서)

명함을 건네는 올바른 방법

1. 반듯하게 서서 상대방이 읽기 쉽도록 오른손으로 내민다.

2. "반갑습니다(처음 뵙겠습니다), 노경한입니다."라고 하면서 악수를 청한다.

3. 상대방의 명함은 두 손으로 공손하게 받고, 받은 명함은 잠시 확인한다.

4. 명함지갑을 사용하고 건네받은 명함은 명합지갑 위에 놓고 가끔 명함을 보면서 대화를 한다. (수첩이나 지갑 또는 주머니에서 명함을 꺼내는 것은 실례이다.)

5. 만나기 직전에 명함지갑에서 명함을 꺼내 접히는 공간에 끼워두었다가 바로 전해준다.

바른 악수법

1. 적절한 강도로 힘차게 악수한다. (힘없이 악수하거나 손끝으로 악수할 경우 상대방이 무성의하게 받아들인다.)

2. 악수할 때는 반드시 눈을 마주쳐야 한다. (눈을 마주치지 못하는 악수는 소극적, 형식적, 자신감 부족으로 받아들여진다.)

3. 여성의 경우도 상대방이 남성이든 여성이든 악수하는 습관을 가져라.

4. 악수의 소중함을 안다면 손을 귀하고 깨끗이 해야 한다.(불결한 손톱은 악수와 동시에 상대방의 눈에 뜨인다. 손에 땀이 끈적일 경우 긴장감, 불안감, 불결함의 메시지를 준다.)

5. 초면에 탁자를 두고 마주 앉은 경우 손은 항상 상대방 시선이 닿는 곳에 위치해 있어야 한다.

올바른 E-MAIL 사용법

1. 오프라인에서 실제로 대면할 때와 같은 태도를 가져라. (온라인상의 태도와 오프라인상의 태도가 다르면 이중인격자처럼 보일 수 있다.)

2. 다른 사람의 시간을 배려하라. (자신이 쓴 글을 다른 사람들이 읽으면서 시간낭비가 되지 않도록 충분히 축약해서 글을 써라. 제목만 보고도 글의 내용을 알 수 있어야 한다.)

3. 온라인 명함을 준비해두었다가 글의 끝부분에 첨부하라.

4. 정중한 문법을 사용하라. (가능하면 경어체와 완전한 문장을 사용하고 첫 인사말(안녕하십니까? 반갑습니다.)과 마지막 인사말(감사합니다. 노경한 드림)을 써라.

올바른 전화 응대법

1. 먼저 자신을 소개하라. (자기소개를 하지 않고 다짜고짜 "누구 좀 바꿔주세요."라고 하는 것은 무례한 일이다. 상대가 누구든 간에 반드시 자신을 먼저 소개해야 한다.)

2. 휴대폰은 부득이한 상황을 제외하고는 반드시 받도록 하라. (부재 중 전화가 왔을 경우 곧바로 확인 전화를 하는 것이 좋다. 전화연락이 잘 되지 않을 경우 상대방은 "건실해 보이지 않는다." "비밀이나 피해야 할 사람이 많은가 보다."라고 느끼게 된다.

3. 상대방이 현재 통화하기 괜찮은지를 반드시 확인하라. (통화의 내용보다 더 중요한 것이 통화 시 상대방의 사정이나 기분을 파악하고 적절한 대응을 하는 것이다.)

4. 전화 걸기 전 통화 시 필요한 도구(메모지, 필기구, 스케줄관리표 등)를 미리 준비해 놓는다.

<u>대부분 알고 있는 내용이지만 다시 한 번 음미하시어 상대에게 좋은 첫인상을 심어주도록 합시다!</u>

45 인재의 유형과 불황기 생존 전략

필자는 IMF 시절 대기업 인사팀장을 지내면서 세 차례에 걸친 구조조정에서 대상자를 선별하는 데 많은 어려움을 겪었다. 그중에는 자신의 능력과 상관없이 사업이 구조조정되면서 퇴사를 해야 하는 아픔도 있었으나, 그런 사람들은 대부분 다른 곳으로 일자리를 옮겨갔다.

구조조정 대상자를 선별하는 기준은 회사마다 차이가 있지만, 당연한 기준은 회사에서 필요로 하는 사람은 남게 되고 회사에서 필요하지 않은 사람은 떠나게 되는 것이다.

여러분은 다음 중 어떤 유형의 사람인가?

어떤 유형의 사람이 될 것인가?

A급 인재 : 회사가 시키기를 기다리지 않고 자기 스스로 할 일을 찾아서 하는 사람이다. 당연히 자신의 가치관에 초점을 두지 않고 회사의 가치관과 이익에 필요한 목표를 찾고 더 나은 방법을 스스로 찾아간다. 이들이 회사의 변화와 혁신을 주도해간다.

B급 인재 : 회사에서 일을 시킬 때 그 의미를 잘 파악하여 실천하도록 노력하는 사람이다. 말귀를 제대로 알아들을 뿐 아니라 나름대로 의미를 깨닫고 더 잘하려고 노력한다. 하지만 A급 인재처럼 새로운 목표를 스스로 찾거나, 변화를 주도해가지는 않는다.

C급 인재 : 회사에서 시키는 일만 꼬박꼬박 하는 유형의 사람이다. 자신이 하는 일을 꾀를 부리지는 않지만 더 잘하겠다는 생각은 없다. 이런 유형의 사람은 시키지 않은 일을 스스로 찾아서 하지 않는다. 더 이상 발전이 없다.

D급 인재 : 회사에서 시키는 것도 마지못해서 할 수 없이 일을 하는 사람이다. 일을 즐겁게 하는 것이 아니라 밥벌이를 위해 할 수 없이 한다. 이런 유형의 사람들은 머리가 나쁘지는 않다. 다만 잔꾀를 부려 일을 안 할 수 있는 방법을 다양하게 찾아낸다.

여러분이 책임자라면 어떤 유형의 사람이 살아남고, 어떤 유형의 사람이 퇴출될 것인지를 쉽게 판단할 수 있을 것이다.

미국 경제 전문지 〈포춘〉지에서 소개된 불황기 해고 피하는 방법을 짧게 소개하고자 한다.

1. 무엇보다도 자신이 하는 일에 성과를 먼저 보여야 한다.
2. 그리고 상사나 회사로부터 신뢰를 얻는 것이 무엇보다도 중요하다. (언행일치)

3. 감원이 확산되는 시점에서는 월급을 올려달라거나 승진시켜 달라는 요구를 해서는 안 된다.

4. 무슨 일이든 자발적으로 업무를 맡고 싶어하는 의지를 보여야 한다.

5. 직장 내 상사에게 가끔씩 좋은 정보 등 이메일을 보내라.

6. 일찍 출근하고 늦게 퇴근하는 습관을 들여야 한다.

7. 카페나 술집에서 상사와 관련된 농담이나 잡담, 비난을 해서는 안 된다.

8. 너무 튀지 않는 정장을 자주 입는 것이 바람직하다.

9. 상사의 고민을 공유하려는 모습을 보여줘야 한다.

10. 업무 문제로 아집을 부리지 말고 고자세를 버려야 한다.

여러분은 모두 A급 인재라고 확신한다. 어느 조직에서든 자신이 하는 일에 대한 전문성을 높이고, 회사에서 시키는 것과 상관없이 스스로 일을 찾아서 기꺼이 하는 멋진 유능한 인재가 되리라 생각한다.

"희망은 모든 고난과 불행을 이기는 감초다."

미래에 대한 큰 희망을 갖고 모두 모두 승리하기를!

46 을의 **생존을** 위한 **마인드**

대기업 임원으로 근무하다가 분사한 회사 대표이사를 맡고 어느 날 영업 현장으로 갔다. 그런데 젊은 고객이 나를 잡상인 취급하듯 10분 이상 세워놓더니, 서서 잠깐 얘기를 나누고는 다시 자신의 일을 계속하는 것이 아닌가? 그 일로 자존심에 많은 상처를 받았지만 비즈니스적으로 을인 나로 하여금 많은 것을 깨닫게 했다.

나는 대기업에서 대부분 스탭 팀장(기술발전팀장, 품질경영팀장, 기획팀장, 인사팀장 등)을 했기에 을보다는 갑에 가까운 직책을 수행하다가 젊은 갑으로부터 이런 대접을 받으니 적응하기가 참으로 힘들었다. 그러나 을로서 생존하기 위해 좋은 경험을 한 것이다. 많은 사람이 을로서 살아가고 있고, 어떤 사람에게 갑인 사람도 어떤 사람에겐 을이 되며, 갑인 사람도 언젠가 을이 된다.

제일 서글픈 사람은 갑인 신분에서 영원히 자신이 갑인 줄 알고 을을 노예 부리듯 하는 사람이다. 그런 이들은 언젠가 은퇴를 하여 을이 되었을 때 기존의 을로부터 보이지 않게 왕따를 당하게 된다. 나는 그런 사레를 직접 보아왔다.

그렇다면, 이 시대의 모든 을들을 위해서, 을로 생존하기 위해 필요한 마인드 중 중요한 몇 가지를 소개하고자 한다. (큰 주제는 《을의 생존법》 이란 책에서 참조)

1. 자신을 낮추고 겸손하라

성공한 사람은 하나같이 겸손하다. 자신보다 나이가 많거나 신분이 낮거나 상관없이 모든 사람에게 친절을 베풀고 겸손해야 한다. 솔로몬 의 잠언에도 "겸손은 존귀의 앞잡이요, 교만은 패망의 선봉이라."라고 했다.

우리 아파트 경비원 아저씨는 추운 날씨에도 사람들이 출근을 할 때 면 나이가 적은 이들에게도 거수경례로 깍듯이 인사를 한다. 기분이 좋 아져서 혹시 도와드릴 것이 없나 하고 한 번 더 생각하게 한다. 가끔 풀 빵도 사다 드리고 아이스크림도 사다 드리고, 명절이 되면 양말 한 켤레 라도 과일 봉지라도 챙겨드리게 된다.

스스로 몸을 낮추는 것은 을의 세계에서는 불문율이다. 겸손하지 않 고서는 갑들의 견제와 다른 을들의 시기를 감당할 수 없다.

2. 언제 어디서든 누구에게나 봉사하라

비가 오는 가구점 앞에서 한 노인이 비를 피해 차를 기다리고 있었다. 가구점 주인이 노인에게 안에 들어와 따뜻한 난로 앞에서 기다리라며

Chapter 02 긴 말은 필요 없다

친절히 말을 건넸다. 노인이 괜찮다고 하자, 물건 사는 것과 상관없이 안에서 기다리다가 차가 오면 나가시라고 다시 한 번 권했다. 노인은 그제야 안으로 들어가 차가 올 때까지 따뜻하게 몸을 녹였다.

어느 날 그 노인이 아드님과 함께 가구점에 들어와 많은 가구를 주문하고 갔다. 그 노인이 바로 대부호인 카네기 회장의 어머니셨던 것이다. 뭔가를 바라고 봉사한 것이 아니지만 기꺼이 한 그 작은 봉사로 인해 큰 선물을 받은 것이다.

이렇게 을은 봉사정신이 몸에 배어 있는 것이 중요하다. 어디서나 궂은일은 자기가 한다는 자세가 필요하다. 그런데 얄팍한 장삿속으로는 그런 일을 오랫동안 해나가기 힘들다. 그저 남의 일을 돕는 것이 좋아서 하는 사람만이 오래도록 그 일을 할 수 있고 결국 진정한 성공자가 되는 것이다.

3. 열린 마음을 가져라

사람마다 가치관이 다르고 경험, 지식, 생활방식이 다르기 때문에 선입견을 갖고 바라보아서는 안 된다. 우리는 흔히 외모 등 눈에 보이는 것만으로 사람을 판단하는 경향이 있는데, 이런 선입견 때문에 큰 코 다칠 수가 있다.

어느 모임에서 같은 테이블에 앉은 평상복 차림의 어떤 사람으로부터 명함을 받은 적이 있다. 회사 이름도 처음 들어본 곳이라 그다지 중요한 인물이라 생각되지는 않았다. 그러나 나중에 알고 보니 그는 벤처로 성공한 젊은 사업가로 매출이 수백억이나 되는 기업의 CEO였다.

외양이 초라해 보이는 사람은 갑이 아니라고 생각하기 쉽다. 진짜 갑은 갑인 티를 내지 않기 때문에, 내가 만나는 모든 사람을 갑으로 생각하고 모든 것을 긍정적으로 열린 마음으로 대하는 자세가 절대적으로 필요하다.

우리 모두는 가정에서든 조직에서든 인생에서든 을이기도 하고, 현재 갑이지만 언젠가는 을이 되기도 한다. 생존을 위해서라기보다 자신의 참된 행복을 위해서 늘 자신을 낮추고 봉사하는 마음을 갖고 열린 마음으로 인생을 살아가자.

여러분은 세상을 변화시키는 명품 리더이기에 사소한 일에 목숨 걸지 말자.

"당신이 자신에 대해 어떻게 생각하느냐가 당신의 운명을 결정한다."

47 결정적 순간의 대화

우리는 늘 사람들과 대화하며 살아가고 있다. 평상시에는 대화를 잘하다가도 자신에 관련된 민감한 사건이 발생했을 때 우리는 평상심을 잃어버리고 자신의 감정에 의지해서 대화를 하게 된다. 결국 상대방과 언쟁을 하게 되고 자신이 원하는 결과를 얻지 못하고 자신의 의도와 상관없이 사이만 나빠지게 된다.

그렇다면 그런 결정적인 순간에 우리는 어떻게 대화해야 할까?

필자가 인사팀장으로 있을 때의 일이다. 어떤 제도 수립에 대해서 서로 대립하고 있던 다른 팀 여직원과 우리 팀 여직원이 가끔 복도에서 마주쳤는데, 우리 팀 여직원은 렌즈를 끼고 오지 않은 날이면 상대방을 쳐다볼 때 약간 눈을 찡그리곤 했다. 자신을 향해 눈을 찡그리자 상대 팀 여직원이 따져 물었다.

"왜 나를 자꾸 째려봐요? 나를 무시하는 거예요?"

우리 팀 여직원도 맞받아쳤다.

"제가 언제 째려봤어요?"

"복도에서 나를 볼 때마다 찡그리면서 째려봤잖아!"

결국 결정적 순간의 대화를 잘못함으로써 두 사람 간에 다툼이 일어났고 우리 팀 여직원이 따귀를 맞는 몸싸움으로까지 번지고 말았다.

왜 이런 일이 생겼을까?

동일한 상황에서 누구는 다투고 누구는 대화로 잘 풀어간다.

위와 같은 상황은 사실 일상에서 흔히 일어날 수 있다. 전화 메시지에 응대하지 않았을 경우, "당신 요즘 나에게 무관심한 것 같은데." "답신도 안 하고 나를 무시하는 건가?" "연락도 안 하고 요즘 사랑이 식은 거 아냐?"라고 대응하게 된다. 상대는 바로 "내가 언제 그랬어?"라고 응답하게 되고, 그다음은 자신의 의도와 상관없이 말다툼으로 이어진다.

미팅 중에 상사가 얘기하고 있는데 팀원이 잠깐 딴짓을 할 경우 상사가 "당신 나 무시하는 거야?"라고 감정적으로 반응하면 상대도 "제가 언제 팀장님을 무시했다고 그래요?"라고 무뚝뚝하게 대답하게 된다.

모든 문제는 결정적 순간에, 사실 그대로 얘기하면 될 것을 자신의 가치관과 생각을 반영하여 감정적으로 대화를 풀다 보니 일어나는 일이다. 우리 여직원들의 경우에 만약 "ㅇㅇ씨, 가끔 복도에서 나를 볼 때 눈을 찡그리는 것 같은데?"라고 있는 그대로 물어보았더라면 "네, 언니, 제가 가끔 렌즈를 안 낄 때면 상대방이 잘 안 보여서 무의식적으로 눈을 찡그리나 봐요."라고 응답하며 대화가 이루어졌을 것이다.

그렇다면 결정적 순간에 대화를 잘하는 비결은 과연 무엇일까?

결론적으로 자신을 화나게 하는 민감한 상황이 발생했을 때 한 번 심호흡을 하며 자신의 감정을 추스르고, 있는 그대로의 사실을 먼저 이야기하면 된다. 그러면 상대방과 대화할 수 있는 폭이 넓어지면서 상대방의 생각도 알 수 있고, 자신의 의도도 잘 전달하게 된다. 그럼 상대방도 내 의견을 잘 받아줄 것이다.

평소에 아무리 잘해도 결정적인 순간에 늘 망쳐버린다면 대화를 잘하는 사람이라 할 수 없다. 바로 그런 결정적 순간에 감정에 휩싸이지 않는 것이 중요하다.

48 화가 났을 때는 아무것도 결심하지 마라

칭기즈 칸이 전쟁에서 돌아와 그의 친구들과 말을 타고 사냥을 나갔다. 사냥을 갈 때 늘 데리고 다니던 매와 함께 즐거운 마음으로 숲에서 사슴과 토끼를 쫓고 있었다.

그렇게 하루 종일 숲을 돌아다녔으나 그날은 아무런 소득이 없었다. 그는 빈손으로 집으로 돌아가게 되었다.

돌아가는 길에 몹시 목이 말랐던 그는 샘이 있는 곳으로 길을 돌아가 물을 마시기로 하고 홀로 말을 몰았다.

우기에는 비가 많아 냇물이 졸졸 흘렀으나 비가 오지 않은 무더운 여름의 냇물은 전부 말라 있었다. 그는 바위틈에서 솟아나는 샘을 찾아 올라갔다. 그러나 그 샘도 물이 말라 겨우 한 방울 두 방울 떨어지고 있었다. 왕은 배낭에서 은으로 만든 잔을 꺼내 그 물을 받으며 잔이 채워지기를 기다렸다. 그리고 한참 후에 물을 마시려고 하는데, 평소 훈련시켜 놓은 사냥매가 '휘익' 하고 날아오더니 컵을 후려쳐 땅에 떨어뜨리는 것이었다.

다시 컵에 물을 받아 먹으려 하자 또 매가 날아와 컵을 쳐서 물을 마시지 못하게 했다.

칭기즈 칸은 화가 났다.

"이 버릇없는 놈, 다음에는 죽여버리겠다."

이렇게 매를 향해 눈을 부릅뜨고는 다시 세 번째로 물을 받는데 사냥매가 다시 휘익 날아왔다. 칭기즈 칸은 칼을 뽑아 날아오는 사냥매를 베어버렸다. 매는 그 자리에서 피를 흘리고 죽어버렸다.

칭기즈 칸은 위로 올라가면 바위 밑에 샘물이 고이는 곳이 있다는 게 생각났다. 그가 바위를 기어 올라가 물을 떠 마시려고 보니 샘물 안에는 치명적인 독을 가진 커다란 독사가 죽어 있었다.

"죽은 매가 내 생명을 구했구나. 내가 아끼던 내 친구를 죽이다니……. 어떻게 이를 보상하나."

칭기즈 칸은 슬피 외쳤다.

그는 죽은 매를 안고 돌아와 정원의 양지 바른 곳에 묻었다.

그리고 자신에게 말했다.

"내가 오늘 큰 가르침을 얻었다.

화가 났을 때는 아무것도 결심하지 말아야 한다.

화가 났을 때는 아무것도 해서는 안 된다."

모든 사람들이 화가 났을 때는 이성보다는 감정이 앞선다. 화가 나 있을 때, 즉 감정이 앞서 있을 때의 의사결정은 정상적일 수가 없다.

큰 일이든 작은 일이든 이성과 감정이 수평적 평형을 유지할 때, 그때에 의사결정을 하고 결심을 해야 한다.

화가 나서 결정을 할 경우 작은 것을 얻고 큰 것을 잃는 실수를 한다. 손자병법에도 "장수는 화가 난다고 해서 적과 싸워서는 안 된다."라고 했다. 삼국지에 나오는 장비 역시 화를 다스리지 못해 결국 죽음을 자초하게 되었다.

상사에게 보고할 때도 상사가 화가 나 있는 경우는 보고를 하지 말아야 한다. 상사가 평온한 상태에 있을 때를 기다려라. 다른 누구에게도 마찬가지다. 물론 자기 자신의 화를 잘 다스리는 것이 무엇보다 중요하다는 것은 두 말할 나위가 없다.

49 불안한 시대에 **살아**남기 위한 **일곱 가지 원칙**

ICT 기술의 발달로 업무 환경도 삶의 환경도 너무나 빠르게 변하고 있다. 이제는 내 손안에 있는 스마트폰을 통해 모든 정보를 접할 수 있게 되었다. 정보의 격차가 점점 심화되면서 세대 간의 격차도 더 벌어지고 있다. 또한 의학기술이 발달하면서 인구 노령화가 급속도로 진행되고 있고, 우리나라의 출산율은 점점 감소하고 있으나 아프리카 지역에서는 인구가 빠르게 증가하고 있다.

또한 농촌 인구의 도시로의 이주는 계속 증가할 것이고, 세계 인구의 3분의 2가 도시에 거주하게 될 것이다. 신기술인 나노, 바이오, 인지과학(NBIC)의 발달로 에너지 관련 산업, 목축업, 의료 분야, 제조업 공정 등이 획기적으로 변화할 것이다.

노동시장에서는 주당 근로시간이 짧아지고, 노동 연한은 점점 길어질 것이며, 청년 실업자는 점점 증가되고 취업으로 인한 스트레스는 더욱 가중될 것이다.

이런 변화에 살아남기 위한 일곱 가지 원칙을 제시하고자 한다. (자크 아탈리의 《살아남기 위하여》참조)

첫째, 자긍심의 원칙

먼저 자신을 중요하게 여기고 가치 있게 여겨야 한다. 끊임없이 자신을 성장시키고, 자신이 가진 최고의 능력을 끌어내며, 자신이 현재 아는 것과 할 수 있는 것에 만족하지 않고, 끊임없이 더 나은 존재이유를 만들어가야 한다.

둘째, 전력투구의 원칙

시간의 밀도를 높여야 한다. 매 순간을 마지막 순간인 것처럼 최대한 충만하게 살아야 한다. 변화무쌍한 시대, 정보 홍수의 시대, 스피드 시대를 살아가는 우리는 헛되이 낭비하는 시간을 최소화해야 한다. 영화《빠삐용》에서 "이 세상 어떤 죄보다도 인생을 낭비한 죄가 가장 큰 죄"라고 했던 대사를 기억해보자. 우리는 어떤가? 시간을 가치 있게 쓰기 위해서는 월간, 1년, 5년, 10년, 20년의 계획을 수립해두는 것이 중요하다.

셋째, 감정이입의 원칙

다른 사람을 자신이 원하는 방식으로 보지 말고 있는 그대로 보아야 한다. 우리는 자신의 경험과 지식의 틀로 사람을 보고 평가한다. 내가 속한 가정과 조직, 내가 만나는 모든 사람들을 감정이입의 마음과 눈으로 대하고 있는 그대로 보도록 노력하자. 그러면 적과의 동침도 가능하리라 본다. 친구 열 명을 사귀는 것보다 한 명의 적을 안 만드는 것이 더 중요하다고 생각한다.

넷째, 탄력성의 원칙

아무리 대비한다고 해도 위험은 언제고 현실화될 수 있으므로 충격을

     Chapter 02 긴 말은 필요 없다

견디는 힘을 기르는 것이 중요하다. 한 가지 원칙만 고집하지 말자. 내가 철저히 준비했다 하더라도 환경이 수시로 변하기 때문에 내가 원하는 대로 되지 않는 경우가 많다. 그리고 실패에 대해서는 관대할 필요가 있다. 실패 없는 성공은 없다. 실패라는 충격을 통해 더 많은 교훈을 얻고 탄력성을 키워 더욱더 전진하자.

다섯째, 창의성의 원칙

충격을 견디는 탄력성이 제대로 기능하지 않을 경우라면 위협을 어쩔 수 없는 현실로 받아들이고, 이를 다시 튀어오를 기회로 바꾸는 창의적인 자세가 필요하다.

여섯째, 유비쿼터스의 원칙

하나의 정체성만으로 만족하지 않고 위험을 피하기 위해서는 지금까지의 자신이 아닌 다른 사람으로 변할 수도 있어야 한다.

일곱째, 혁명적 사고의 원칙

앞에서 언급한 원칙 중 그 어느 것도 생존을 보장해주기에 역부족이라면 어쩔 수 없이 기존의 모든 질서를 흔들기로, 모든 규칙을 전복시키기로 결심해야 한다.

어디선가 많이 들어본 원칙이지만 세계적인 미래학자가 제시한 만큼 한번 음미해볼 필요가 있다. 불확실성 시대에 살아가는 우리 모두에게 훌륭한 삶의 지침이 되어줄 것이다.

50 **망상** 활성화 시스템(RAS)을 **활용**하라

이 세상에서 성공을 원하지 않는 사람은 거의 없다.

성공하는 사람에게는 좋은 습관이 있다. 스티븐 코비가 쓴《성공하는 사람들의 7가지 습관》이 10년 이상 베스트셀러가 된 것도 이를 방증하는 것이다. 좋은 습관이 성공을 가져오고 좋은 결실을 맺게 하는 것은 당연하다.

성공을 위해 우리 뇌에 있는 망상 활성화 시스템(RAS; Reticular Activating System)을 한번 활용해보라. RAS는 뇌의 정문에 있는 검문 시스템으로서, 감각기관으로 쏟아져 들어오는 수많은 정보들 중 중요한 것에만 관심을 집중시키고 기억할 수 있도록 해주는 관심 집중 장치다. 어떠한 정보든지 이 검문 시스템을 통과하지 않고는 우리의 의식 혹은 무의식의 영역으로 들어올 수 없다. 중요한 것에만 관심을 집중시키는 관심 집중 장치이며 또한 그것을 지속적으로 기억할 수 있게 하는 기억 촉진 장치이다. 우리가 마음만 먹으면 바로 이 장치에 영향을 줄 수가 있는 것이다.

강아지를 기르지 않던 사람이 처음으로 강아지를 기르면 세상에 웬 강아지가 그렇게 많은지 그 사람에게는 보이는 것이 다 강아지이고, 혹은 세상만사가 다 강아지와 연결된다. 흰색 ㅇㅇㅇ 승용차를 사기로 결심한 사람에게는 다른 차종이나 검정색, 푸른색 차는 보이지 않고 오직 흰색 ㅇㅇㅇ 승용차만 보인다. 왁자지껄 붐비는 식당에서 바로 앞에 앉은 사람의 목소리도 알아듣기 어려울 지경인데도 먼데서 부르는 자기 이름 소리는 거짓말처럼 또렷하게 들린다.

필자도 가끔 실험을 해본다. 강남대로를 걸으면서 교복을 입은 학생의 명찰에 있는 이름을 조용히 불러본다. 시끄러운 군중 속에서도 그 학생은 나를 향해 돌아본다.

또한 RAS는 불필요하다고 여기는 생각과 파장을 제거하는 기능을 갖고 있다. 마음을 긍정적인 방향으로 훈련시키면 부정적인 생각과 낙심이 몰려와도 전혀 영향을 받지 않는다. 부정적인 정보를 자꾸 무시하면 우리 마음의 RAS가 거기에 적응한다.

"내 주인이 관심을 쏟지 않으니까 이 정보는 필요 없어. 두려움이나 근심에 관한 정보는 아예 보내지도 마."

우리는 살아가면서 거절과 실패를 많이 경험한다. 거절이나 실패를 당할 때마다 즉시 나와 상관없는 것이라고 생각하고 성공을 위한 하나의 과정으로 여기며 언젠가 반드시 성공할 것이라는 좋은 생각을 하도록 마음을 훈련시켜 보라. 기찻길 옆에 사는 사람이 한밤중에 기차가 지나가도 거의 느끼지 못하고 곤하게 자는 이유는 그러려니 하는 마음으로 그 환경을 무시하기 때문이다.

기록은 두뇌를 움직인다. 목표를 종이에 기록하는 것은 두뇌의 일부분인 RAS를 자극하고, 뇌의 그 특별한 시스템을 도와 목표를 이루게 한다. 사람들이 자신과 관련된 정보나 유용한 자료에 민감하게 반응하는 모습은 뇌 속에 감시기제와 RAS가 작동하고 있기 때문이다.

유명 배우 짐 캐리의 경우 영화배우가 되려는 꿈을 안고 캐나다에서 미국으로 왔으나 햄버거 한 개로 하루를 때우고 잠은 중고차에서 자는 등 지독한 고생을 해야 했다. 그러던 어느 날 그는 자신의 힘을 스스로 북돋아주기 위해 할리우드에서 가장 높은 언덕으로 올라갔다. 그리고 수표용지를 꺼내 5년 후 스스로에게 1천만 달러를 지급하겠다는 서명을 하고는 그 수표를 지갑에 넣고 5년 동안 지니고 다녔다.

그리고 5년 후인 1995년, 그는 〈덤 앤 더머〉의 출연료로 7백만 달러를 받았고, 그해 연말에는 〈배트맨〉의 출연료로 1천만 달러를 받아 자신과의 약속을 지켰다.

현재 어떤 꿈이 있는가? 현재의 상황에 상관없이 자신을 향해 편지를 쓰고 그 편지를 품속에 넣고 다녀라. 그 편지는 피부감각을 통해 우리의 머릿속에 박히게 될 것이다.

영업에 거절당하거나, 실패를 하거나, 실직이나 실연을 당하더라도 부정적인 생각을 없애기 위해 RAS를 작동시켜 보자. 그리고 긍정적인 생각과 목표를 종이에 적어 주머니에 간직하며 수시로 꺼내 보자.

*** 부정적인 생각을 없애주는 생각과 나의 목표를 적어두고 늘 꺼내 보며 삶의 지표로 삼자.**

" 나는 긍정적인 사람이다."

" 나는 적극적인 사람이다."

" 나는 가치 있는 사람이다."

" 나는 세상을 변화시키는 명품 리더다."

" 나는 어떤 상황에도 두려워하지 않는다."

" 나는 칭찬의 달인이다."

" 나는 열정적으로 산다."

" 나는 소중한 관계를 지키며 산다."

" 나는 시간 약속을 지킨다."

" 나는 잘 웃는다."

" 나는 날마다 성장하고 있다."

" 나는 열정적으로 살아간다."

" 나는 갈등을 바로 해결한다."

" 나는 기대를 품고 산다."

" 나는 좋은 곳에 취업할 것이다."

" 나는 늘 돕고 베풀며 살리라."

" 나는 복 있는 가문을 세울 것이다."

51 서류전형과 **면접** 중에 무엇이 **더 중요**할까?

경기침체가 지속되면서 취업시장이 좀처럼 회복되지 않고 있다. 채용의 기회가 있어도 경쟁자가 몰리기 때문에 서류전형 합격이 쉽지 않고 번번이 실패의 고배를 마시곤 한다.

경쟁이 높아질수록 먼저 기업의 채용 프로세스를 알고 접근한다면 도움이 될 것이다.

대개 기업의 채용 프로세스는 다음과 같다.

인력규모 예측 ─ 연간 인원계획 수립 ─ 채용계획 수립 ─ 채용방법 설정 ─ 모집광고 ─ 서류전형(인적성검사 등) ─ 면접(개별면접, 집단면접, P/T면접, 집단토론 등) ─ 선발

기업은 인력을 채용하기 전에 각 사업 부서로부터 인력 소요 및 채용 자격 요건을 파악하는 만큼 이러한 채용 스펙에 대한 정보를 미리 알 수 있다면 다른 경쟁자에 비해 우위를 차지할 수 있을 것이다. 그러기 위해서는 내가 가고자 하는 회사의 사원 채용에 대한 정보 수집이 중요하다. 책상에 앉아서 하는 것이 아니라 발로 뛰어야 하는 것이다.

여러분은 서류전형과 면접 중에서 어느 것이 중요하다고 생각하는가?

대부분의 지원자는 면접이 더 중요하다고 말한다. 당연히 둘 다 중요하지만, 필자는 서류전형이 더 중요하다고 본다. 서류전형이 진행되는 동안, 면접위원으로 참여하지 않은 현업 팀장이 필자에게 찾아와 어떤 친구가 합격하면 자기 부서로 보내달라는 부탁을 한 적도 있다.

이력서(자소서)는 자신의 모든 것(성장 과정, 성격의 장단점, 지원동기, 지원 분야 관련 자신의 기술과 경험, 입사 후 포부 등)을 담을 수 있지만, 면접은 외형적인 부분과 면접위원이 질문한 내용만 답변할 수 있기에 면접자에 따른 오류가 많이 발생할 수 있다.

그리고 면접위원이 서류를 미리 보고 참여하기 때문에 이력서(자소서)의 내용과 면접장에 걸어 들어오는 모습, 처음 하는 자기소개가 끝나면 이미 어느 정도 당락이 결정된다. 결국 면접에서 외형적인 이미지, 목소리의 색깔, 시선처리와 당당한 자기소개 내용만 보고도 합격이 좌우되는 것은 이력서(자소서)가 어느 정도 뒷받침하고 있기 때문이다.

결국 기업에서 채용하고자 하는 분야에 초점을 맞추어 발로 뛰어 맞춤식 서류를 작성하고, 자기소개와 지원동기에 대해 충분히 소화하여 면접에 임한다면 좋은 성과를 얻을 수 있다.

결론적으로 말해 서류전형에 많은 시간을 투자하고, 회사를 방문해보거나 그 회사에 다니는 사람을 만나보는 것이 좋다. 서류전형에서 지원 분야에 준비된 사람인 것을 충분히 어필해야 한다.

서류에서 떨어지면 스스로 반성해보고 또 도전하라. 실패하면 보완해서 또 도전하라. 결코 포기만 하지 않는다면 반드시 합격할 것이다.

그러면 미취업자나 실직자 분 모두 좋은 곳에 취업하리라 믿는다.

[서류전형 작성 10계명]

1. 간단명료하면서도 구체적으로 기술하라. (결론부터 간결하게 기술할 것)

2. 개성과 창의성을 발휘하라. (모방하지 마라. 인터넷 복사 자소서는 금방 들통난다.) 처음 몇 줄은 첫인상의 효과. 그리고 끝까지 읽고 싶은 충동이 일어나도록 흥미를 유발하라.

3. 자기소개서 중간중간에 제목을 붙여라. (예를 들어 "물고기, 마케팅 프로세스를 경험하며 물오르다")

4. 지원 직무와 관련 어떤 실무능력을 갖추었는지를 중점적으로 작성하라. (연구 업적, 아르바이트, 서클활동 등)

5. 준비된 사람, 지원 분야의 전문가처럼 보여라.

"어떤 일이든 맡겨만 주시면……." 이런 류는 무조건 불합격이다.

6. 여백의 미를 살려 답답함을 없애라. (좌우 여백과 글자 크기, 단락 구분 등을 이용)

7. 지원 분야 관련 키워드나 핵심문장은 굵은 글씨나 밑줄로 강조하라.

8. 유행어나 은어, 통신용어 사용을 피하라.

"~했구여", "~하구요", "~있슴다", 그리고 온갖 이모티콘은 절대 금지.

9. 사례나 증명 없이 일반적인 주장만 나열하는 이력서는 피하라.

10. 지원 분야와 연락처(휴대전화 및 이메일)를 반드시 명시하라.

1. '나' 라는 상품을 정확히 알자. (회사에 필요한 강점을 부각시키고 약점을 감춰라)

2. 긴장하지 말고 자신감을 가져라. (실전처럼 사전 연습하라)

3. 지원 회사에 대한 충분한 사전정보를 습득하라. (지원 회사를 사랑하라)

4. 복장, 외모 등 첫인상에 신경 써라. (밝은 표정 유지)

5. 대화는 간결하게 하고 핵심을 잡아라. (장황하게 늘어놓지 마라)

6. 자신의 정성을 보여라. (겸손하면서도 당당한 자세)

7. 자기소개와 지원동기에 시간을 많이 투자하라. (이것은 철저히 소화하고 면접에 임한다)

8. 구체적인 예를 들어 설명하라. (추상적 어휘는 자제)

9. 논리적으로 표현하고 2차적 질문에 대비하라. (일관성을 유지해야 한다)

10. 가능하면 질문하라. (최후 진술에 대비)

52 성공적인 직업 **선택**과 취업의 **절차**

요즘 4년제 대학에서 4년 만에 졸업(남자의 경우 군복무 기간을 제외하고)하는 경우가 많지 않다고 한다. 필자가 겸임교수로 있는 서울여자대학교 제자들의 경우도 50% 가까이가 1학기에서 4학기 정도를 휴학하고 어학연수, 인턴 경험, 아르바이트, 자격증 등 소위 취업 스펙을 만들고 있다. 하지만 4학년이 되어도 자신의 진로가 결정된 학생은 30%도 안 된다. 취업을 앞두고도 진로에 대해 갈팡질팡하는 경우가 대부분이다. 그런 학생들에게 도움을 주고자 일반적인 직업 선택의 문제, 그리고 취업 절차에 대해 이야기해보겠다. 덧붙여 현실적인 취업 성공 노하우에 대해서도 정리해보고자 한다.

1. 먼저 나를 분석하자. (나의 정체성 찾기)

진로를 설정하기 전에 우선 자신이 누구인지부터 알아야 한다. 자신을 상품에 비유해보면, 상품에 대해 정확히 알아야 고객도 선정하고 판매에 성공하지 않겠는가? 자신의 강약점, 적성 및 자질, 전공과목, 동아리 활동, 자신에 대해 가장 잘 아는 부모가 바라본 적합한 직무 등 종합적인 정보를 바탕으로 하여 나의 정체성을 찾고, 자신의 장점으로 극대

    Chapter 02 긴 말은 필요 없다

화할 수 있는 인생의 목표를 설정한다. 나를 분석할 때는 특히 나를 가장 잘 알고 있는 부모님과의 대화를 통해 자신의 강약점을 파악하는 것이 중요하다. 우리나라 사람들은 남의 말은 잘 경청해도 부모의 말을 잘 경청하지 않는 경우가 많은데, 이번 기회에 부모님과 진로 문제를 의논해보는 것이 어떨까?

2. 자신에게 적합한 직종/직무와 업종을 선택하자.

그다음에는 내가 어떤 일을 할 것인지(직종/직무), 어떤 분야에서 일할 것인지(업종)를 결정하자. 기업의 직무에 대한 설명으로 마이클 포터 (M. Porter)의 가치사슬(Value Chain)을 참고하면 좋다. 기업의 활동은 주 활동과 보조 활동으로 나뉜다. 주 활동은 구매물류, 생산, 배송물류, 마케팅영업, 서비스 등으로 구분되고 보조 활동은 기획, 재무, 경영정보시스템, 법률, 기술연구, 개발, 디자인, 인적자원관리 및 개발로 구분된다.

참고로 업종과 상관없이 대부분의 기업이 상기의 직무를 포함하고 있기에 다양한 분야의 기업에서 취업의 기회를 찾아보도록 한다. 주요 업종으로는 IT 관련업, 건설, 기계, 자동차, 조선, 토목, 건축, 디자인, 금융, 유통, 물류, 운송, 관광업 등 다양한 분야의 업종이 있다.

여기서 고려해야 할 점은 '업종에 국한된 업무를 선택할 것인지', '다양한 업종에 적용되는 범용성 직무를 택할 것인지' 이다. 다시 말하면 IT 개발, 인사직무 등과 같은 것은 모든 업종에 적용되지만 금융상품 개발, 자동차 제조 등은 한 업종에 국한되어 있기에 직종/직무를 잘 선택해야 한다.

직무 선택에 대한 한 가지 좋은 격언을 소개하자면, "내가 좋아하는 직무를 선택하기보다 내가 선택한 직무를 좋아하는 것이 더 빠른 길이다."라는 말이 있다. 참으로 공감이 가는 말이다.

3. 지원 가능한 회사를 선택하자.

직종/직무, 업종을 선택했으면 다음으로 그에 해당하는 회사를 리스트하여 자신에게 맞는 회사를 선정해야 한다. 강소기업, 중소기업, 중견기업, 대기업, 정부산하기관 등 어떤 경로(대기업 — 중소기업 — 자영업, 중소기업 — 대기업 — 중소기업, 중소기업 — 중소기업, 중소기업 — 자영업 등)를 선택해서 일을 할 것인지를 미리 생각해야 한다.

현재 대기업의 스펙에 맞지 않다면 과감히 대기업을 포기하고 자신의 눈높이에 맞추어 중소기업이나 강소기업에 지원하자. 선택은 빠를수록 좋다.

4. 기업의 정보를 수집하고 서류 및 면접을 준비하자.

필자도 인사팀장 및 임원 생활을 12년 이상 했지만 외부 매체를 통해 지원 회사에 대한 정보를 수집하는 데는 한계가 있다. 지원 회사가 선정되었으면 무조건 그 회사에 입사하여 근무하고 있는 사람을 만나야 한다. 발로 뛰어 살아 있는 정보를 수집하자. 최소한 신입/경력 채용 방식, 면접 방식, 인재상, 사업모델, 경쟁사 현황, 시장점유율, 매출실적, 모집직무와 자격요건, 최근 매스컴에서 다룬 기사 등을 조사해야 한다.

"사랑은 아는 것에서 출발한다."라는 말이 있듯이 그 기업에 들어가

　　　　Chapter 02　긴 말은 필요 없다

려면 그 기업을 사랑해야 한다. 그 기업을 사랑한다는 것은 그 기업에 대해 얼마나 아느냐에 비례한다고 생각한다.

발로 뛰어 얻은 정보를 바탕으로 지원하는 회사와 직무에 맞는 맞춤식 이력서를 작성해야 한다. 누구나 작성할 수 있는 일반적인 내용이 아닌 누구도 흉내 낼 수 없는 나의 경험과 나의 경력이 담긴 이력서와 자기소개서를 정성껏 작성해야 한다.

5. 일단 서류전형이 통과되면 면접 리허설을 철저히 하라.

"철저한 준비가 최선의 방책이다."라는 말이 있다. 일단 서류전형에 합격했으면 면접 준비를 철저히 해야 한다. 반드시 모의면접을 하라. 주변에 친구나 지인에게 "제가 이번에 ○○회사 면접을 보는데 모의 면접을 해달라."고 반드시 부탁하라. 제일 좋은 방법은 내가 지원하는 회사에 근무하는 사람에게 모의면접을 볼 수 있다면 최고일 것이다.

취업을 준비하는 사람들은 반드시 네다섯 명씩 취업 TFT를 만들어서 준비하라. 그 TFT에서 모의면접도 하고 면접에 대한 실패 및 성공 사례를 공유하면 더 효과적일 것이다. TFT 전원이 취업할 때까지 TFT를 운영하라.

요즘 대학 4학년은 취업으로 받는 스트레스가 심각한 수준이다. 취업을 준비 중인 학생들의 부모도 함께 스트레스를 받고 있다. 졸업을 하고도 취업이 되지 않은 경우, 몇 개월이 지나면 부모님께 용돈을 타 쓰는게 무척 부담스럽다고 한다. 졸업 전에 취업하는 것이 최상이겠지만 졸업 후 취업이 되지 않은 경우는 혼자서 취업 활동을 하지 말고 일단 집이나 도서관에서 뛰쳐나와야 한다.

　전문기관의 도움을 최대한 받자. 요즘 국비 지원의 좋은 교육기관들이 많기 때문에 전문 교육기관에서 교육을 받아 지원 직무에 대한 역량을 익혀 맞춤식 취업 스펙도 만들고, 취업에 대한 많은 정보도 얻고, 성공에 대한 멘토를 받는다면 혼자 취업 준비를 하는 것보다 몇 십 배나 더 효과적일 것이다.

　사자의 심장을 가지고 독수리 날개를 펼치며 세상을 변화시키는 명품 리더가 되시기 바랍니다. 아니, 그렇게 생각한다면 반드시 그렇게 될 것입니다!

53 불확실한 상황에서 성공의 확률을 높이는 랜덤 전략

어떠한 상황에서도 세월을 붙잡을 수는 없다. 신이 사람들에게 공평하게 동일한 양의 시간을 주었지만 사람에 따라 다르게 사용함으로써 누구는 시간을 낭비하고, 누구는 아주 가치 있게 사용한다.

여러분은 영화 〈빠삐용〉에 나오는 주인공처럼 시간을 낭비한 죄로 감옥에 들어가야 하지는 않은지요? 필자도 시간을 낭비한 죄로 몇 번이나 시간감옥에 들어갔다 나왔습니다.

대부분의 상황에서 자원(사람, 돈, 물자, 시간 등)은 제한되어 있기에 우리는 살아가며 전략적 마인드가 필요하다.

인사팀장은 회사의 모든 퇴직자와 면담을 하게 되어 있다. 그런데 이때 모든 사람에게 동일한 시간을 할당해 면담을 한다면 전략적 마인드가 없는 것이다. 회사의 인재를 A급/B급/C급의 세 부류로 나누는데, A급 인재는 없어서는 안 될 핵심 인재, B급 인재는 제 역할을 수행하는 보통 인재, C급 인재는 자기 밥벌이도 못해 나가도 좋은 인재이다. A급 인재 퇴사 시는 충분한 시간을 두고 면담을 하지만, C급 인재는 인간적인 측면에서만 면담을 진행하고 성공을 격려하며 짧은 시간 안에 끝낸다.

백화점이나 카드 회사, 텔레콤 회사 등에서 운영하는 콜 센터의 경우도, A/B/C등급으로 고객을 분류하여 A등급의 경우는 대기 시간을 최소화하는 전략을 구사한다. 만약 당신이 카드 회사에 전화했는데 대기 시간이 길어 짜증이 난다면, 당신은 그 카드 회사에게는 없어도 매출에 큰 지장이 없는 C급 고객이라고 판단하면 된다. 속상해도 어쩔 수 없다.

불확실한 상황에서 선택의 갈림길에 놓인 여러분, 과연 어떻게 선택하는 것이 효과적일까? 간혹 부고나 결혼식 초대장을 받았을 때 갈까 말까 망설이는 경우가 있다. 갈까 말까 상황에서의 의사결정은 무조건 가는 것으로 정하면 좋다. 백화점에 가서 마음에 드는 물건이 있어 살까 말까 망설이게 되는 경우가 있다. 이런 경우는 무조건 사지 않는 것으로 하면 좋다. 그리고 아끼는 물건을 누군가에게 줄까 말까 망설여질 때, 그럴 때는 과감히 주는 것으로 결정하는 것이 좋다.

이런 원칙은 빠른 의사결정을 가능하게 해주면서 동시에 가장 결과가 좋은 방법이다.

"갈까 말까는 가라, 살까 말까는 사지 마라, 줄까 말까는 주라."

〈프린세스 브라이드〉라는 영화에 보면 주인공 웨슬리와 시칠리아 출신 악당 비치니가 벌이는 게임이 있다. 주인공 웨슬리가 비치니에게 게임을 제안한다. 웨슬리가 두 사람 앞에 놓인 두 잔의 와인 중 하나에 독을 넣고, 어느 쪽을 마실지 선택은 비치니가 하는 것이다. 물론 남은 잔은 무조건 웨슬리가 먹어야 한다. 비치니는 자신이 웨슬리보다 훨씬 더 똑똑하다고 생각하기 때문에 자신 있게 게임에 응한다. 여러분이 비치니라면 누구 앞에 있는 잔을 마시겠는가?

비치니는 생각한다.

'나는 그저 평상시 알던 대로 저 놈의 생각을 예측하면 돼. 웨슬리 저 놈이 자기 잔에 독을 넣을 위인인지 적의 잔에 독을 넣을 위인인지. 똑똑한 놈이라면 자기 잔에 독을 넣겠지. 엄청난 바보가 아니고서야 상대가 자기 앞에 놓아둔 잔에 순순히 손을 뻗지는 않을 테니까. 웨슬리 저 놈이 그런 바보는 아니야. 그러니 분명히 내 잔에 독을 넣을 리가 없어. 하지만 내가 이렇게 생각할 거라는 걸 미리 짐작했을 거야. 그러니 분명히 내 앞에 있는 잔을 선택해서는 안돼.'

비치니는 웨슬리와 잔을 바꾼 다음 자신 있게 웃으면서 와인 잔을 든다. 그리고 두 사람은 각자 잔에 든 와인을 마신다. 그런데 자신의 승리를 확신하며 웨슬리를 비웃던 비치니가 갑자기 피를 토하며 쓰러져 숨을 거두고 만다. 영화에서 보면 웨슬리는 두 개의 잔 모두에 독을 넣는다. 어떤 잔을 마시더라도 죽을 수밖에 없게 만든 것이다. 하지만 웨슬리는 오랫동안 여러 독성에 대한 면역을 키운 다음 상대에게 게임을 제안한 것이다. 비치니는 이런 정보를 몰랐으므로, 정보 차원에서 해결 불가능한 핸디캡을 갖고 게임을 시작한 것이라 할 수 있다. (애비너시 딕시트의《전략의 탄생》에서)

여기서 우리가 얻는 교훈은, 다른 누군가가 무엇인가를 제안할 때에는 "저들은 내가 모르는 무언가를 알고 있지 않을까?"를 언제나 생각해야 한다는 것이다. 그래야 어리석게 당하지 않는다. 그리고 이런 불확실한 상황에서는 추론의 끝이 없기에 오히려 단순하게 운에 맡기는 것이 오히려 성공의 확률이 높아진다.

예를 들어 가위바위보 게임을 할 때는 세 가지 경우의 수이니, 가위바위보하기 바로 전 시계초침을 보고 1~20초면 가위, 21~40초면 바위, 41~60초면 보를 내는 것으로 정하는 것도 한 가지 방법이다. 또한 축구 패널티킥의 경우도 유사하다. 공은 골라인까지 0.2초면 도달한다. 그러므로 골키퍼가 공의 방향을 지켜보며 몸을 날리면 이미 늦다. 골키퍼는 상대방이 오른쪽으로 찰 것인가 왼쪽으로 찰 것인가 미리 예측을 한 후, 차는 동시에 한쪽으로 몸을 날려야 한다. 이는 차는 사람과 골키퍼 간의 머리싸움이다. 이런 경우 가장 손쉬운 의사결정 방법이 동전을 던져 앞면이 나오면 오른쪽, 뒷면이 나오면 왼쪽으로 찬다는 식으로 정하는 것이다. 그러면 오히려 성공 확률이 높다.

여러분도 이와 유사한 상황에 처했을 때, 추론의 논리 순환이 끝이 없을 때는 단순하게 의사결정 하는 것이 최선의 선택이다.

필자는 결정적 운명론이 아닌 선택적 운명론을 믿는다. 우리가 지금 이렇게 된 것은 과거에 우리가 선택한 결과의 산물이다. 앞으로 어떤 선택을 하느냐에 따라 미래의 운명이 달라질 것이다.

행복도 불행도 선택의 결과이다. 행복한 인생, 축복된 인생을 살아가는 것은 선택의 기로에서우리가 어떻게 대처하느냐에 달려 있다.

54 진정한 성공이란

모든 사람이 성공을 꿈꾸며, 성공을 향해 달려가고 있다. 성공을 원치 않는 사람은 아무도 없다. 이 글을 읽는 여러분도 당연히 성공하고 싶을 것이다.

그렇다면 과연 진정한 성공이란 무엇인가? 많은 사람들은 성공을 지위, 신분, 권력, 돈 등 외형적인 것에 초점을 두고 그것을 쟁취하기 위해 전력질주하고 있다. '성공(成功)'이란 한자를 풀이해보면 '공을 들여(땀을 흘려) 뭔가(가치 있는 목표)를 이루는 것'으로, 목표가 없다면, 그 목표가 가치 없는 일이라면, 공을 들이지 않고 쉽게 얻는 것이라면 성공이라 할 수 없다.

최근 몇 년간 기업체 사장의 자살, 유명 탤런트의 자살, 재벌 총수의 자살, 재벌 총수 자녀의 자살 등등 외형적으로 보기에는 성공했다고 하는 사람들이 스스로 세상을 등지는 모습을 자주 본다. 결국 그들의 성공은 무의미하고 결과적으로 실패한 인생을 살았다고 볼 수밖에 없다.

내가 성공했다고 생각했는데 뒤를 돌아보니 가족이 불행해 있고, 주위 친구나 선후배들이 떠나가고 나 홀로 남아 있다면 과연 그 사람은 성공한 것일까? 또한 성공을 쟁취했는데 건강이 악화되었다면, 그 성공도

의미가 없을 것이다.

5차원 학습법을 개발한 원동연 박사가 어느 날 자녀와 대화 중에 "너는 커서 무엇이 되고 싶으냐?"고 물었더니 아이는 시큰둥해하며 대답했다. "별로 되고 싶은 것은 없지만 되고 싶지 않은 것이 하나 있는데, 아빠 같은 사람이 되지 않는 거예요."

이 대답에 그는 충격을 받았다. 나름대로 10년간 논문 백 편, 특허 열 건, 책 열 권 편찬 등 과학자로서 성공했다고 자부했는데……. 그는 그 이후부터 자신을 돌아보며 삶의 방향을 재정립하여 5차원 학습법을 개발하게 되었다.

진정한 성공이란 외형적인 것이 아니라 내면의 만족이 있어야 한다. 무슨 일을 하더라도 내가 만족하면서 가치 있는 일을 하는 사람이라면 성공한 사람이라 볼 수 있다. 또한 성공은 나 자신만이 아니라 주위 사람들과 더불어 성공할 때, 즉 내가 성공했을 때 가족과 주위 사람들이 함께 기뻐하고 즐거워할 때 진정한 성공이라 할 수 있다.

나만 잘 먹고 잘 살기 위해 우리는 태어나지 않았다. 나로 인해 누군가가 행복해하고 나로 인해 누군가가 성공한다면 그 사람이야말로 참된 성공자라 할 수 있다.

모든 성공이 그렇듯이 진정한 성공은 하루아침에 이루어지는 것이 아니라 오늘 살아가는 모습이 모여서 이루어지는 것이다. 미래는 현재 하루하루가 모여 이루어진 집합체이다.

결국 소명의식을 갖고 오늘 나에게 주어진 일을 기쁘게 최선을 다해 살아간다면 반드시 미래에 좋은 결실을 맺을 것이다.

괜찮아 마음먹기에 달렸어

55 세상에서 가장 중요한 것은?

여러분은 세상에서 가장 중요한 것이 무엇이라고 생각하는가? 개인의 지식과 가치관과 부와 처한 상황에 따라 다를 것이다. 만약 여러분이 지금부터 단 세 시간만 살 수 있다면 무엇을 할 것인가?

오래전 사건이지만 미국의 9.11사태와 우리나라 대구 지하철 사건 때, 세월호 침몰 사고 때 죽기 전에 사람들은 어떤 말을 남겼을까? 다시한 번 상기했으면 한다. 만약 지금 이 순간에 여러분이 그런 상황이라면 무엇을 했을까? 그 상황에서는 가치관과 부의 수준과 지식의 수준과 상관없이 대부분 생각이 비슷할 것 같다.

"엄마! 나 마크야. 우리 납치당했어. 저기 세 명이 있는데 폭탄을 가졌대……. 엄마! 사랑해! 사랑해! 사랑해!"

- 피츠버그에 추락한 UA93기 탑승자 마크 빙햄이
어머니 앨리스 호글런에게 마지막 건 전화

"여보! 나 브라이언이야. 내가 탄 비행기가 피랍됐어. 그런데 상황이 아주 안 좋은 것 같아. 여보, 나 당신 사랑하는 거 알지? 당신 다시 볼 수 있게 되면 좋겠어. 만약 그렇게 안 되면……. 여보, 인생 즐겁게 살아. 최

선을 다해서 살고……. 어떤 상황에서도 내가 당신을 사랑하는 것 알지. 나중에 다시 봐."

"여보! 우리 비행기가 피랍됐어. 아무래도 여기 탄 사람 모두 죽을 것 같아. 나하고 다른 두 명하고 뭔가 상황을 수습해보려고 해. 사랑해 여보!"

"엄마, 지하철에 불이 났어. 엄마 숨을 못 쉬겠어. 숨이 차서 더 이상 통화를 못 하겠어. 엄마, 그만 전화해. 엄마, 사랑해……."

"오빠, 사랑해……."

레오 톨스토이는 〈세 가지 질문〉에서,

"세상에서 가장 중요한 때는 바로 지금 이 순간이고, 가장 중요한 사람은 지금 함께 있는 사람이며, 가장 중요한 일은 지금 내 곁에 있는 사람을 위해 좋은 일을 하는 것."이라고 했다. 그것이 세상에서 가장 중요한 것이고 우리가 사는 이유라는 것이다.

그렇습니다. 지금이 가장 중요합니다. 지금 주어진 이 시간, 지금 내 곁에 있는 사람, 그 사람을 위해 지금 내가 할 수 있는 일, 이것이 더없이 소중한 것들입니다.

56 테디와 톰슨 **이야기**

테디 스톨러드라는 아이가 있었다.

테디는 소위 왕따를 당하는 학생이었다. 늘 멍한 눈빛을 하고 의자에 쭈그려 앉아 있었으며, 입은 옷에서는 늘 냄새가 났다. 친구들은 테디를 가까이하려 하지 않았다.

아이들의 시험지를 채점하던 날, 톰슨 선생은 테디의 시험지에 막 빵점을 표시하려는 순간, 선생은 갑자기 생각난 듯 테디의 생활기록부를 찾아보았다. 그리고 테디의 엄마가 불치병을 앓다가 돌아가신 후 테디의 학교생활이 지금처럼 변했다는 사실을 깨닫게 되었다.

테디의 1학년 생활기록부
"행동이나 태도를 볼 때 테디는 발전가능성이 아주 많음."

테디의 2학년 생활기록부
"1학년 때보다 행동이 조금 나아짐.
어머니가 불치병에 걸려 몹시 아픔. 테디는 집에서 거의 도움을
받지 못함."

     Chapter 03 괜찮아 마음먹기에 달렸어

테디의 3학년 생활기록부

"테디는 좋은 학생이지만 표정이 어둡고 진지함.

 테디는 천천히 발전하는 아이임. 병든 어머니가 돌아가심."

테디의 4학년 생활기록부

"테디는 굼뜨고 느리지만 바르게 행동하는 아이임.

테디의 아버지는 테디에게 전혀 관심을 보이지 않음."

크리스마스가 돌아왔고 아이들은 선생님에게 드릴 선물을 들고 왔다. 선생님은 아이들의 선물을 하나씩 펴보았다. 다른 아이들의 선물은 모두 예쁘게 포장되어 있었지만 테디의 선물은 갈색 봉지에 테이프로 볼썽사납게 봉한 것이었다.

선생님이 갈색 봉지를 뜯자 가짜 다이아 팔찌와 싸구려 향수병이 나왔다. 팔찌는 알이 대부분 떨어져 나간 것이었고 향수는 반만 차 있었다. 학생들은 모두 웃기 시작했다.

처음에는 선생님도 조금 놀랐지만 곧 환한 얼굴로 손목에 팔찌를 걸어 아이들에게 보여주었다.

"얘들아, 예쁘지 않니? 향수 냄새도 그만이구나!"

방과 후 테디가 선생님을 찾아왔다.

"선생님, 제 선물이 마음에 드신다니 너무 기뻐요. 하루 종일 선생님한테서 엄마 냄새가 났어요. 엄마 팔찌도 선생님께 너무 잘 어울려요."

테디가 돌아간 후 선생님은 책상에 얼굴을 파묻고 하염없이 울었다. 그리고 엄마 없는 아이를 돌아볼 수 있게 해달라고 기도했다.

다음 날부터 선생님은 별도의 도움이 필요한 아이들, 특히 테디를 개인적으로 지도했고 그해 말 테디는 대부분의 학우들을 따라잡았다.

선생님은 그 후로 꽤 오랫동안 테디의 소식을 듣지 못하다가 어느 날 짧은 편지 한 통을 받게 되었다.

"사랑하는 톰슨 선생님께. 제가 고등학교를 졸업한다는 소식을 선생님께 제일 먼저 알려드리고 싶었어요. 반에서 2등으로 졸업해요."

그로부터 4년 뒤 선생은 또 편지를 받았다.

"과에서 1등으로 졸업합니다. 대학생활이 쉽지는 않았지만 선생님을 생각하며 꿋꿋하게 버텼어요."

그리고 또다시 4년 뒤 테디의 편지가 도착했다.

사랑하는 톰슨 선생님께.

오늘 저는 의학박사가 됩니다. 그리고 다음 달에 결혼합니다. 제가 의사가 되었다는 사실을 선생님께 가장 먼저 알려드리고 싶었어요. 제가 결혼할 때 선생님께서 제 어머니 자리에 앉아주셨으면 해요. 아버지도 작년에 돌아가셨으니 지금의 저에게 선생님은 유일한 가족이거든요. 제게 가족만큼 가까운 분이시잖아요.

테디와 톰슨 선생님의 이야기는 많은 어린이와 선생님들을 감동시켰다. 톰슨 선생님으로 인해 왕따였던 테디가 유명한 의사가 되었듯이 인생은 누구를 만나느냐에 따라 달라진다. 그리고 내가 누군가에게 그런 사람이 될 수도 있다.

우리는 모든 사람을 바라볼 때 나타난 결과와 외형적인 모습만 보고 쉽게 판단하는 경우가 많다. "그 행위는 미워하되, 사람은 미워할 수 없다."라는 말이 있듯이 우리가 사건을 대할 때나 사람을 대할 때 외형적으로 보잘것없다고 무조건 비난할 것이 아니라 그 사람이 왜 그렇게 행동할 수밖에 없었는지 그 사람의 내면과 그 사람이 처한 환경과 지난 과거를 바라볼 필요가 있다.

조금만 더 관심을 가지면 우리도 톰슨 선생님 같은 마음을 가질 수 있을 것이다. 우리로 인해 상처를 받는 사람이 있어서는 안되며, 우리로 인해 성공한 사람, 행복한 사람이 많아야 한다.

57 사람이 아름다운 것은 꿈이 있기 때문입니다

노래를 잘 부르는 사람보다

노래를 잘할 수 있다는 꿈을 가진 이가 더 아름답습니다.

지금 공부를 잘하는 사람보다

공부를 더 잘할 수 있다는 꿈을 간직한 이가 더 아름답습니다.

숱한 역경 속에서 아름다운 삶을 꽃피우는 사람들은

한결같이 원대한 꿈을 가졌습니다.

암울의 시대에 문지기를 자청했던 김구 선생도 대한민국의 독립을 꿈꾸었습니다.

젊고 나약하기만 했던 간디도 인도 독립의 꿈을 버리지 않았습니다.

두 귀가 먼 절망의 늪에서도 베토벤은 위대한 교향곡을 꿈꾸었습니다.

"꿈이 있는 사람은 아름답습니다."

돈을 많이 가진 사람보다

돈을 많이 벌 수 있다는 꿈을 가진 이가 더 행복합니다.

글을 잘 쓰는 작가보다도
글을 잘 쓸 수 있다는 꿈을 안고 사는 이가 더 아름답습니다.

꿈은 인간의 생각을 평범한 것들 위로 끌어올려 주는 날개입니다.
내일에 대한 꿈이 있으면
오늘의 좌절과 절망은 아무런 문제가 되지 않습니다.
꿈을 가진 사람이 아름다운 것은
자신의 삶을 긍정적으로 바라보기 때문입니다.
인생의 비극은 꿈을 실현하지 못한 것에 있는 것이 아니라
실현하고자 하는 꿈이 없다는 데 있습니다.
절망과 고독이 자신을 에워쌀지라도
원대한 꿈을 포기하지 않는다면 인생은 아름답습니다.

꿈은 막연한 바람이 아니라
자신의 무한한 노력을 담은 그릇입니다.
노력은 자신의 원대한 꿈을 현실에서 열매 맺게 하는 자양분입니다.

지금 이 순간부터 자신의 삶을 원대한 꿈과 희망으로 넘쳐나게 하십시오.
그리고 그 꿈을 밀고 나가십시오.
다른 사람들이 자신의 꿈을 먼저 차지할 때까지 기다려서는 안 됩니다.
세상은 원대한 꿈을 가진 사람들을 필요로 한다는 것을 기억하십시오.

친구도, 가족도, 사랑하는 이도

원대한 꿈을 가진 사람을 원합니다.

자신의 소중하고 아름다운 꿈을 잘 가꾸고 사랑하십시오.

언젠가는 그 꿈이 현실로 나타납니다.

당신은 꿈이 있어 나타납니다.

당신은 꿈이 있어 늘 아름다운 사람입니다.

-Fuellenbach의 〈불을 놓아라〉에서

동물과 인간의 차이가 여러 가지가 있지만 그중 하나가 동물은 꿈을 꾸지 않고 인간은 꿈을 꾼다는 사실이다.

여러분은 세상에서 단 하나밖에 없는 존귀하고 가치 있는 존재이다.

현재 비록 어려운 처지에 있을지라도 위의 글을 음미하면서 다시 한 번 함께 원대한 꿈을 품어보자.

원대한 꿈을 가진 우리는 너무나 아름다운 존재입니다.

58 서로 소중히 여기는 **삶**

　오래전 내가 읽은 책 속에 눈물이 나는 편지가 있어 소개할까 한다. 책 속의 편지를 읽고 평소 눈물이 적었던 필자도 눈물을 흘리고 말았다.

　우리는 진짜 소중한 것은 느끼지 못하고 살아갈 때가 많다. 언제나 접하고 있는 공기, 자연, 물, 바람, 태양, 달, 별 등 평소에는 소중함을 알 수 없으나 없어지고 나면 소중함을 깨닫게 된다. 그리고 건강, 가까이 있는 배우자, 자녀, 직원, 연인, 친구도 그렇다. 특히 배우자와 자녀의 경우 항상 같이 있기에 쉽게 대하고 서로를 귀히 여기지 못하고 상처를 주곤 한다.

　이 편지는 아내가 세상을 떠난 지 4년, 유치원생 아들을 둔 아빠가 쓴 사연이다.

　아내가 어이없는 사고로 우리 곁을 떠난 지 4년, 지금도 아내의 자리는 너무나 크기만 합니다. 스스로 밥 한 끼 끓여 먹지 못하는 어린아이와 남편을 두고 떠난 심정이야 오죽하겠습니까마는 난 나대로 아이에게 엄마 몫까지 해주지 못한 게 늘 가슴 아프기만 합니다.

　언젠가 출장으로 인해 아이에게 아침도 제대로 챙겨주지 못하고 출근 준비만 부랴부랴 하다가 새벽부터 집을 나섰던 적이 있었지요. 전날 지어놓은 밥이 밥솥에 조금은 남아 있기에 계란찜을 얼른 데워놓고 아직 잠이 덜 깬 아이에게 대강 설명하고 출장지로 내려갔습니다.

그러나 일이 손에 잡힐 리가 있나요? 그저 걱정이 되어 몇 번이나 전화로 아이의 아침을 챙기느라 제대로 일도 못 본 것 같습니다. 출장을 다녀온 바로 그날 저녁 8시, 집으로 돌아온 나는 아이와 간단한 인사를 한 뒤 너무나 피곤한 몸에 아이의 저녁 걱정은 뒤로 한 채 방으로 들어와 양복 상의를 아무렇게나 벗어 던지고 침대에 대자로 누웠습니다.

그 순간 "푹! 슈~" 소리를 내며 빨간 양념국과 손가락만 한 라면 가락이 침대와 이불에 퍼질러지는 게 아니겠습니까? 펄펄 끓는 컵라면이 이불 속에 있었던 것입니다. 이게 무슨 일인가는 뒷전으로 하고 자기 방에서 동화책을 읽던 아이를 무작정 불러내 옷걸이를 집어 들고 아이의 장딴지와 엉덩이를 마구 때렸답니다.

"왜 아빠를 속상하게 해! 이불은 누가 빨라고 장난을 쳐, 장난을!"

다른 때 같으면 그런 말은 안 했을 텐데 긴장해 있던 탓으로 때리는 것을 멈추지 않고 있을 때 아들 녀석의 울음 섞인 몇 마디가 나의 매 든 손을 멈추게 했습니다.

아이의 얘기로는 밥솥에 있는 밥은 아침에 다 먹고 점심은 유치원에서 먹고, 다시 저녁때가 되어도 아빠가 일찍 오시질 않아 마침 싱크대 서랍에 있던 컵라면을 찾아냈다는 것입니다. 가스 렌지 불을 함부로 켜선 안 된다는 아빠의 말이 생각나서 보일러 온도를 목욕으로 누른 후 데워진 물을 컵라면에 붓고, 하나는 자기가 먹고 한 개는 출장 다녀온 아빠에게 드리려고 라면이 식을까 봐 침대 이불 속에 넣어두었다고 합니다. 그럼 왜 그런 얘길 안 했냐고 물었더니 제 딴엔 출장 다녀온 아빠가 반가운 나머지 깜빡 잊어버렸다는 것입니다.

그 순간 아들 앞에서 눈물을 보이는 것이 싫어 화장실로 뛰어 들어간 저는 수돗물을 틀어놓고 엉엉 소리 내어 울었습니다. 한참이나 그러다가 정신을 차리고 나와서는 우는 아이를 달래 약을 발라주고 잠을 재웠습니다. 라면에 더러워진 침대보와 이불을 치우고 아이 방을 열어보니 얼마나 아팠으면 잠자리 속에서도 흐느끼지 뭡니까? 정말이지 아내가 떠나고 난 자리는 너무 크기만 해서 앞으로 어떻게 살아야 할지, 나는 그저 오랫동안 문에 머리를 박고 서 있어야 했습니다.

편지를 옮겨 적는데도 눈시울이 다시 젖어온다.

나와 가까이 있는 사람과 항상 같이 있지는 않을 것이다. 내일 어떻게 될지 모르는 것이 우리의 인생이다. 가까이 있는 배우자와 자녀, 그리고 친구, 연인의 소중함을 깨닫고 감사하며 사랑하며 살아가자.

탈무드에 나온 이런 말이 생각난다. 수첩에 메모해놓고 수시로 보면 좋을 것 같다.

<u>"좋은 항아리가 있으면 아낌없이 사용하라. 내일이면 깨질지도 모른다."</u>

오늘 좋은 항아리(재능, 건강, 사랑, 행복, 미소……)가 있다면 아낌없이 사용하는 여러분이 되시길.

59 따뜻한 **마음**이 우리를 **감동**시킨다

버스 교통카드가 본격적으로 도입되기 전 출근길 어느 버스 안에서 있었던 일이다. 무거운 짐을 든 할머니 한 분이 버스에 올라 차비를 내려고 보니 돈이 한 푼도 없었다. 할머니는 미안한 표정으로 버스 기사에게 말했다.

"기사 양반, 미안한데 돈이 없구려, 그냥 좀 태워줄 수 없을까?"

그때 버스기사는 화를 내며 "돈도 없는데 왜 타요! 빨리 내리세요!" 하고 소리쳤다. 버스에 타고 있던 손님들은 그냥 태우고 빨리 출발시키라고 소리를 지르기도 했고, 할머니더러 내리라고 소리 지르는 사람도 있었다. 그때 교복을 입은 학생이 만 원짜리 지폐를 꺼내 요금함에 넣으며 이렇게 말했다.

"기사 아저씨, 이걸로 할머니 차비하시고, 남은 돈으로 이렇게 돈 없는 분이 타시면 그분들 차비 계산해주세요."

순간 버스 안은 조용해지고 기사는 말없이 차를 출발시켰다. (오대희의 《당신이 행복했으면 좋겠습니다》에서)

참으로 감동적이고 멋진 아름다운 장면이다. 우리보다 경제적 여유가 더 없는 한 학생의 아름답고 따스한 마음이 우리를 훈훈하게 만들고 사회를 아름답게 만드는 것 같다. 큰 돈이 아니라 따뜻한 마음을 가진 작은 돈이 말이다.

필자의 경우 5년 전부터 매월 월급날이면 3만원을 천 원짜리 새 지폐로 교환해서 양복주머니에 항상 넣고 다니다가 구걸하는 사람이 있거나 가끔 차비를 달라고 하는 사람이 있는 경우 새 돈 천 원을 주곤 한다. 구걸하는 사람들도 때 묻지 않은 새 돈을 받으니 더 기분 좋아 한다.

때로는 젊은 사람인데 구걸하는 경우, 어려워서 구걸하는 것보다 직업적으로 구걸하는 경우, 좀 전에 구걸해서 받아 갔는데 지하철역 다른 칸에서 또 나타나서 구걸하는 경우 등 천 원이라도 주고 싶지 않은 마음의 갈등이 생기는 경우도 있으나 내 입장에서 판단하지 않고 오죽했으면 구걸할까 생각하며 무조건 건네준다. 아직 완전히 습관화 되진 않았지만, 작은 것이지만 할 수 있는 일이라 기쁘게 실천하고 있다. 이것을 통해서도 받는 사람보다 주는 사람이 더 행복하고 기쁘다는 것을 느낀다.

여러분도 위의 학생처럼 따뜻하고 아름다운 마음을 가지고 있으리라 생각한다. 가진 것은 많지 않지만 아름다운 마음을 가진 우리가 아름다운 사회를 만들어간다고 생각한다.

최근에 읽은 멋진 명언 하나 소개한다.

"부자로 죽기 위해 가난하게 산다는 것은 미쳐도 이만저만 미친 짓이 아니다." (로마 시인)

60 내면의 잠재력을 깨우자

한 마리의 어린 독수리를 닭과 오리가 있는 우리에 넣고 닭 모이를 주며 키웠다. 5년 후 독수리는 3미터나 되는 날개를 갖고도 날지 않는 닭이 되어 있었다.

우연히 그곳을 지나던 어느 동물학자가 독수리를 다시 날게 하고 싶었다. 하지만 닭 모이에 만족한 독수리는 날기를 거부했다.

무엇이 문제인가? 독수리의 몸에 독수리 정신 대신 닭의 정신이 깃들어 있는 것이다.

어느 날 그는 아침 해가 떠오르는 높은 산으로 올라가 웅장한 자연 앞에 독수리를 세운다. 문득 용솟음치는 힘! 독수리는 대지를 발판 삼아 힘차게 비상한다.

위의 독수리 사례처럼 우리가 처한 환경과 경험에만 의존한다면 우리는 자신의 무한한 잠재력을 발휘하지 못하고 무덤까지 가지고 가게 될지도 모른다. 본인도 자신의 잠재력을 알 수 없다.

그러면 어떻게 잠재력을 발견할 수 있을까? 닭과 오리의 환경 속에서 자란 독수리가 자신에게 독수리의 잠재력이 있다는 것을 발견하려면 기존의 고정관념의 틀을 깨고 실패를 무릅쓰고 새로운 도전을 해야만 한다.

결국 실패를 두려워하는 사람, 새로운 것을 시도해보지 않는 사람은 자신의 잠재력을 깨닫지 못하고 무덤 속으로 갖고 가게 되는 우를 범하게 된다.

실패를 두려워하지 말자! 그것은 실패가 아니라 성공을 위한 하나의 과정일 뿐이다.

나를 포함해 이 글을 읽는 모두가 현실에 안주하지 않고, 습관에 의존하지 않고, 실패를 두려워하지 않는 정신으로 내면에 있는 잠재력을 최대한 발휘하여 멋진 성공신화를 만들어보자. 우리도 할 수 있다. 시간이 문제일 뿐이다.

생각이 바뀌면 습관이 바뀌고,
습관이 바뀌면 인격이 바뀌고,
인격이 바뀌면 우리의 운명이 바뀐다.

"우리에겐 실패란 없다. 실패란 성공을 위한 하나의 과정일 뿐이다."

31 고민과 근심걱정은 10분 만에 **끝내라**

어니 J. 젤린스키의 《느리게 사는 즐거움(Don't worry, Be Happy)》에서는 이렇게 쓰고 있다.

우리가 하는 걱정거리의 40%는 절대 일어나지 않을 사건들에 대한 것이고,

30%는 이미 일어난 사건들,

22%는 사소한 사건들,

4%는 우리가 바꿀 수 없는 사건들에 대한 것들이다.

나머지 4%만이 우리가 대처할 수 있는 진짜 사건이다.

즉 96%의 걱정거리가 쓸데없는 것이다.

고민을 두 가지로 분류하면, 해결할 수 있는 고민과 해결할 수 없는 고민이다.

예를 들면, '내일 비가 오면 어떻게 하나?' 하고 고민하지 말고 우산을 준비하면 된다. 비를 멈추게 하는 것은 우리 능력의 한계를 벗어난다. 그것은 신의 영역이다. 신의 영역에 속하는 문제는 신에게 맡기자.

또 시험 결과가 나쁘게 나오면 어떡하나 고민하지 말자. 그 시간에 공부하면 된다.

오직 걱정해 풀 수 있는 문제들만 고민하고 해결책을 찾자!

고민의 핵심을 정확히 파악해 문제를 해결하는 데만 노력하는 것이 중요하다. 머리를 싸매고 며칠 누워 있으면서 걱정을 하면 문제가 해결되는가? 조용한 바닷가로 가서 며칠을 쉬면 방법이 생각나는가? 그렇지 않다고 본다.

어떤 문제에 대해 우리가 생각할 수 있는 시간은 10분도 안 된다.

걱정거리가 있으면 그것을 종이에 적어보자. 서너 줄에 지나지 않을 것이다. 그 몇 줄 안 되는 문제에 대해 10분 안에 해답이 나오지 않으면 해결할 수 있는 고민이 아니다. 그런데도 그 10분을 우리는 질질 고무줄처럼 늘려가면서 하루를 허비하고 한 달을 죽이며 1년을 망쳐버린다.

하지만 해결 방안도 알고 있으면서 행동에 옮기는 것을 두려워하는 경우가 대부분이다. 일단 해결 방안을 찾았으면 주저하지 말고 행동에 옮기자! 실직당한 사람이 살아갈 길이 막막하다고 몇 개월을 고민하고 술에 취해 있는 경우 고민의 핵심은 간단하다. 취직이 안 된다는 것이다. 왜 안 될까? 경제가 어려워서? 절대로 그렇지 않다. 그 이유는 채용할 만한 조건을 갖추지 못했기 때문이다. 고민하지 말고 채용할 만한 사람으로 탈바꿈하면 된다.

앤드류 매튜스는 《마음 가는 대로 해라》에서 이렇게 말했다.

"새벽에 일어나서 운동도 하고 공부를 하고 사람들을 사귀면서 최대한으로 노력하고 있는데도 인생에서 좋은 일은 전혀 일어나지 않는다고 말하는 사람을 나는 여태껏 본 적이 없다."

고민거리가 많다고 해서 한숨 쉬지 말자. 고민은 우리의 영혼을 갉아먹는다. 기도하며 문제의 핵심을 정확히 파악하고 해결책을 찾아 두려워하지 말고 그대로 실행하자. 해결책이 보이지 않으면 무시하자. 고민 하나 안 하나 결과는 똑같다. 그러므로 오늘부터 고민은 하루에 딱 10분만 하자. 하지만 더 좋은 방법은 고민하지 말고 그냥 범사(고민거리 포함한 모든 일)에 감사하는 것이다!

"오늘의 고난과 실패는 잘못 보낸 어제의 복수다."(나폴레옹)

참으로 멋진 말이다. 결국 오늘 우리가 어떻게 시간을 보내느냐에 따라 미래에 오늘이 복수로 돌아올 수도 있고 풍성한 열매로 돌아올 수도 있을 것이다.

  Chapter 03 괜찮아 마음먹기에 달렸어

62 내 **감정**의 **지배자가 되라**

밤이 지나면 아침이 오고, 꽃은 피었다가 곧 시들고, 추운 겨울이 지나면 따사한 봄날이 오듯 모든 자연은 끊임없이 변하고, 사람 역시 기분이 좋아지기도 하고 나빠지기도 한다. 어제의 기쁨은 오늘의 슬픔이 되기도 하고, 오늘의 슬픔은 내일의 기쁨이 되기도 한다. 내가 사람들에게 무뚝뚝하고 찌푸림으로 대한다면 그들 역시 무뚝뚝함과 찌푸림으로 반응할 것이다. 내가 기쁨과 열정, 밝음 그리고 웃음으로 사람을 대한다면 그들 또한 기쁨과 열정, 밝음 그리고 웃음으로 반응할 것이다.

그러면 이러한 감정의 지배를 어떻게 할 것인가?

그의 사고가 그의 행동을 지배하도록 하는 사람은 약하다. 반면에 그의 행동이 그의 사고를 지배하도록 하는 사람은 강하다.”라는 지배자의 말이 있듯이 매일 하루를 시작하기 전에, 나쁜 감정/슬픈 감정/분노의 감정/실패의 감정에 사로잡히기 전에 이 지혜의 원리를 적용해보자. (오그 만디노의 《위대한 상인의 비밀》에서)

우울을 느낄 때는 흥겨운 노래를 부르고,

슬픔이 느껴지면 큰 소리로 웃으리라.
아픔을 느낄 때는 두 배로 일하고,
두려움이 느껴지면 과감하게 돌진하리라.
열등감이 느껴질 때는 새 옷을 갈아입고,
무능력함이 느껴지면 지난날의 성공을 기억하리라.
가난함 느낄 때는 다가올 부를 생각하고,
삶이 무의미하게 느껴지면 내 목표를 되새기리라.

자심감이 넘칠 때는 과거의 실패를 회상하고,
평온함 느낄 때는 경쟁의 순간을 떠올리리라.
욕심이 과하다고 여겨질 때는 지난날의 굶주림 생각하고,
위대하다고 생각될 때 부끄러웠던 순간들을 기억하리라.
많은 돈 벌었을 때 굶주린 사람을 돌아보고,
전능하다 생각 들 때 바람을 멈추려 애써보리라.
자만심으로 들뜰 때는 허약했던 순간들을 기억하고,
내 기술이 으뜸이라고 생각될 때 하늘의 별을 보리라.

63 스트레스로부터 자유로워지는 **법**

　그 누구도 세월의 흐름을 멈추게 할 수는 없다. 바쁘게 살아가는 사람에게는 세월이 참 빠르게 지나가는 것같이 느껴진다. 정보화 시대를 넘어 스마트 시대에 접어들면서 삶의 여유는 찾아보기 힘들고, 사무실을 떠나서도 스마트 기기로 메일을 확인하고 페이스북이나 트위터를 통해 언제 어디서든 업무로부터 자유로울 수 없는 환경이 되었다.

　요즘 트렌드 중 하나가 경계 파괴(Borderless Age)라고 한다. 생산과 소비, 가상과 현실, 일과 교육과 여가 간의 경계가 없어짐으로써 업무에 있어서도 일하는 것 같지만 놀고, 노는 것 같지만 일하고, 노는 것과 일하는 것이 구분이 안 되는 세상이 된 것이다. 하지만 필자와 같이 비즈니스를 하는 사람 입장에서는 물론 열심히 일을 하는데 성과가 없는 것보다 노는 것 같은데 성과가 좋은 것이 중요하다.

　바쁜 일상을 살아가면서 누구나 스트레스로부터 자유로울 수 없는 것 같다. 스트레스가 아예 없는 것보다 약간의 스트레스가 있는 것이 오히려 삶의 활력소가 된다고 하지만, 그래도 스트레스로부터 자유로우면 좋을 것이다. 스트레스에 어떻게 대응해야 하는지를 안다면 오히려 삶의 활력으로 이용할 수 있지 않을까?

우선 스트레스에는 어떤 종류가 있는지부터 언급하고자 한다.

사람들에게 가장 많이 나타나는 첫 번째 스트레스는 'Time Stress' 라고 한다. 해야 할 일은 많은데 시간이 부족하다거나, 자신의 역량에 부치는 업무를 맡았을 때 오는 스트레스이다.

예전에 쌍용그룹 리더십 강좌에서, 아홉 가지 테스트를 통과한 직원을 데리고 있는 리더는 천하를 얻을 수 있다고 했던 것이 생각난다. 그중 한 가지가 여러 가지 일을 시켜 그 사람의 능력을 테스트하라는 것이었다. 처한 상황에 따라 차이가 있겠지만, 결국 한 가지 일을 잘하는 것만으로는 능력 있다고 보지 않고, 여러 가지 일을 시켜 그 일을 처리하는 것을 보고 능력을 평가한다는 것이다. 이 테스트를 통과하려면, 주어진 여러 업무를 시급성의 정도와 중요성의 정도에 따라 네 가지로 분류해서 가급적이면 중요한 것 위주로 일을 처리해나가야 한다. 그리고 자신이 할 수 없는 업무는 잘하는 사람에게 잘 부탁하는 것도 하나의 능력이다. 결국 'Time Stress' 를 줄이기 위해서는 업무의 우선순위를 정해서 하고, 다른 사람의 능력을 최대한 활용해야 하는 것이다.

두 번째는 사람과 사람 사이에서 생기는 'Encounter Stress' 이다. 상하간, 동료 간 또는 역할의 차이와 서로 이해하지 못하는 부분에서 스트레스가 많이 쌓이기도 한다. 업무는 마음에 드는데 사람이 싫은 경우 회사에 출근하기 싫어지고, 결국 업무의 생산성에서 좋지 않은 영향을 미치게 된다. 이를 해결하기 위해서는 서로에 대한 역할의 차이를 받아들이고, 상대방과 나는 어차피 다르기 때문에 나와 의견이 다를 경우 틀린 것이 아니라 다를 뿐임을 인정하게 되면 편해진다. 상사와의 관계에서는, 의견차이가 날 경우 자신은 의견만 전달하고 상사가 결정할 수 있도록 정보만 제공하라. 사람으로 받는 스트레스는 마치 테니스를 치듯이, 상대방이 스트레스를 자기 코트로 넘겼을 때 그 공(스트레스)을 안고 있지 말고 곧바로 받아 넘겨야 한다.

세 번째는 작업 조건과 직무의 특성에 따른 'Situational Stess'로, 업무의 자율성이 없다거나 똑같은 일을 반복적으로 한다거나 시키는 일만 함으로써 오는 스트레스이다. 또한 가족이 사망하거나 새 집을 구입하는 등 개인 차원의 변화와 정치, 경제, 기술의 변화 등 외부 차원의 환경 변화에서 오는 스트레스도 포함된다.

네 번째는 미래에 싫어하는 일이 일어날 거라는 예상으로 인해 생기는 'Anticipatory Stress'이다. 실제로 일어나지 않을 상황을 스스로 소설을 써가며 스트레스를 받는 것인데, 통계에 의하면 걱정의 90% 이상은 일어나지 않은 일로 인한 것이라 한다. 내가 미래에 대해 고민해서 해결되지 않는 것은 잊어버리자. 그때 가서 해결하면 된다. 면접을 봤는데 떨어지면 어떻게 하나 스트레스를 받는 사람들이 많은데, 합격되면 좋은 것이고 떨어지면 왜 떨어졌는지 분석하고 다시 도전하면 된다. 미래에 대한 걱정은 시간을 정해놓고 약 5분 정도만 스트레스를 받은 후 잊어버리자.

마지막으로, "No!"를 해야 할 상황에서 "Yes!"를 할 경우에 오는 'Yes Stress'다. 어느 모임에 초대받았을 때 다른 선약이 있어 거절해야 하는데 분위기상 거절을 못 하고서 받는 스트레스, 업무 부탁을 받았는데 거절을 못 해서 자신의 업무가 많아지는 경우에 오는 스트레스 등등이다. 이럴 때는 기분 나쁘지 않게 거절하자. 미국에서는 "No, thanks."라는 표현을 잘 쓴다. 이는 정중한 거절을 의미한다. 부탁을 받았을 때어쩔 수 없이 "Yes."를 하고 어차피 하기로 마음먹은 일이라면 기꺼이해결해주자. 그러나 어려울 때는 "Yes, but……"을 활용해서 거절해보기 바란다. 이를테면 "제게 부탁하셔서 감사합니다. 하지만 제가 고객과 중요한 약속이 있어 이번에는 힘들 것 같은데 다음번에는 미리 말씀해주시면 기꺼이 해결해드리겠습니다."와 같은 식으로 말이다.

아무튼 우리가 조직에서 사람들과 더불어 살아가는 한 스트레스를 받지 않고 살아가는 사람은 없다. 하지만 지나친 스트레스가 문제가 되는것이다. 위에서 언급한 내용들, 즉 업무의 우선순위를 정한다, 상대방이틀린 것이 아니라 다른 것이라고 이해하며 역할의 차이를 받아들인다,받은 스트레스는 곧바로 토스해버린다. 미래에 대한 걱정은 당장 떨쳐버린다, 힘든 부탁은 거절한다는 몇 가지 원칙을 세우면 스트레스를 조절할 수 있을 것이다.

그리고 어쨌든 스트레스 받는 상황이 생겼다면, 5분 동안 실컷 고민한후에 그다음에는 창조적인 일에 시간을 할애하자. 모든 것은 마음먹기에 달렸다. 긍정의 힘으로 스트레스로부터 자유로워지는 것이다.

Chapter 03 괜찮아 마음먹기에 달렸어

64 눈물의 축의금 만 삼천 원

다음은 어느 결혼식 날 친구의 축의금과 관련된 감동의 이야기로,《곰보빵》에 있는 내용(저자 이철환의 이야기)이다. 앞에서 소개한 '눈물의 편지'를 읽을 때도 그랬지만 '눈물의 축의금'이란 이 글을 읽고 또 한 번 눈가를 적시고 말았다. 예전에는 남자라는 이유로 속으로는 눈물을 흘려도 겉으로는 태연한 척했는데, 이제는 눈물 많은 사나이가 되어버렸다.

눈물의 축의금 만 삼천 원

결혼식이 다 끝나도록 친구 형주의 얼굴은 보이지 않았다.

이럴 리가 없는데……. 정말 이럴 리가 없는데…….

예식장 로비에 서서 형주를 찾았지만 끝끝내 형주는 보이지 않았다.

바로 그때 형주 아내가 토막 숨을 몰아쉬며 예식장 계단을 급히 올라왔다.

"고속도로가 너무 막혀서 여덟 시간이 넘게 걸렸어요. 어쩌나, 예식이다 끝나버렸네……."

숨을 몰아쉬는 친구 아내의 이마에는 송골송골 땀방울이 맺혀 있었다. "석민이 아빠는 오늘 못 왔어요. 죄송해요……. 석민이 아빠가 이 편지 전해드리라고 했어요." 친구 아내는 말도 맺기 전에 눈물부터 글썽였다. 엄마의 낡은 외투를 덮고 등 뒤의 아가는 곤히 잠들어 있었다.

철환아, 형주다. 나 대신 아내가 간다. 가난한 아내의 눈동자에 내 모습도 담아 보낸다. 하루를 벌어 하루를 먹고 사는 리어카 사과 장수이기에 이 좋은 날, 너와 함께할 수 없음을 용서해다오. 사과를 팔지 않으면 석민이가 오늘 밤 굶어야 한다. 어제는 아침부터 밤 12시까지 사과를 팔았다. 온종일 추위와 싸운 돈이 만 삼천 원이다. 하지만 힘들다는 생각은 들지 않는다. 아지랑이 몽기몽기 피어오르던 날, 흙 속을 뚫고 나오는 푸른 새싹을 바라보며, 너와 함께 희망을 노래했던 시절이 내겐 있었으니까.

나 지금, 눈물을 글썽이며 이 글을 쓰고 있지만 마음만은 기쁘다.

"철환이 장가간다……. 철환이 장가간다……. 너무 기쁘다."

아내 손에 사과 한 봉지 들려 보낸다. 지난밤 노란 백열등 아래서 제일로 예쁜 놈들만 골라냈다. 신혼여행 가서 먹어라. 친구여, 오늘은 너의 날이다. 이 좋은 날 너와 함께할 수 없음을 마음 아파해다오. 나는 항상 너와 함께 있다.

-해남에서 형주가

편지와 함께 들어 있던 만 원짜리 한 장과 천 원짜리 세 장…….

뇌성마비로 몸이 불편한 형주가 거리에 서서 한겨울 추위와 바꾼 돈이다. 나는 웃으며 사과 한 개를 꺼냈다.

"형주 이놈, 왜 사과를 보냈대요. 장사는 뭐로 하려고…….”

씻지도 않은 사과를 나는 우적우적 씹어댔다. 왜 자꾸만 눈물이 나오는 것일까……. 새신랑이 눈물을 흘리면 안 되는데……. 다 떨어진 구두를 신고 있는 아내가 마음 아파할 텐데…….멀리서도 나를 보고 있을 형주가 마음 아파할까 봐…… 엄마 등 뒤에서 잠든 아가가 마음 아파할까 봐…… 나는 이를 사려 물었다. 하지만 참아도 참아도 터져 나오는 울음이었다. 사람들 오가는 예식장 로비 한가운데 서서…….

축의금보다도 더 소중한 것이 축의금에 담긴 사랑과 정성이라고 본다. 축의금을 남에게 보이기 위한 체면치레로 하는 경우가 많다. 이제부터는 체면치레의 축의금보다는 그 속에 나의 아름다운 정성을 담아드리고 싶다. 또한 이 글을 읽고 이런 다짐을 해본다. 가진 것 없지만 형주처럼 아름다운 마음을 가진 친구를 얻었으면……. 아니, 내가 먼저 형주처럼 아름다운 마음을 가진 그런 친구가 되고 싶다. 나이가 들면 혼자 살아가기가 더 힘들어지기에, 인생을 함께한 소중한 친구들이 더 필요하다. 나이가 들어서 그런 친구를 사귀기란 어렵다고 본다. 좀 더 젊었을 때 아름다운 진정한 친구를 얻는 노력이 필요하다.

<u>여러분도 이 글을 통해 친구 관계를 점검하는 계기가 되었기를…….</u>

35 일생을 통해 이루고 싶은 **목표**

하버드 및 예일 대학에서 공동연구 발표한 자료에 의하면, (문서화된) 분명한 목표를 가진 사람과 그렇지 않은 사람의 차이는 분명한 목표를 가진 3% 사람들의 부가 30년 후 나머지 97% 사람들의 부보다 많다는 결과가 나왔다. 엄청난 차이라고 할 수 있다.

필자 역시 대학 시절 분명한 인생의 목표가 설정되지 않았고 현실에만 충실히 살아왔다. 젊은 시절 인생의 멘토가 있어 그로 인해 미래의 분명한 목표를 수립했더라면 하는 아쉬움이 남아 있다.

필자가 가르치는 서울여대생을 대상으로 '살아가면서 꼭 이루고 싶은 스무 가지'를 적어보라고 했다. 그중 도움이 되는 일부를 발췌해 소개하고자 한다. 현재의 나이와 현재의 지위, 현재의 환경과 상관없이 한 해 또는 일생 동안 꼭 이루고 싶은 목표(최소 스무 가지)를 수립하는 자극제가 되길 바란다.

[자기계발] DVD 3천 장 제작 / 일주일에 한 권 이상 책읽기(1년에 50권 이상) / 5개국어 자유롭게 하기 / 40세 전 중국어·일어·불어 정복하기

/ 매일매일 거르지 않고 일기 쓰기 / 40대에 전문 갤러리에서 내 작품 전시회 / 50세 성공 자서전 쓰기(백만 부 판매) / 신춘문예 등단하기 / 신문에 칼럼 쓰기 / 두 권의 책 출판(한글 책 한 권, 영어 책 한 권) / 나만의 드레스룸 갖기

[주택/경제] 시가 백억 빌딩 소유 / 두바이에 집 사기 / 한 달에 1억 이상 버는 커리어우먼 되기 / 정원 있는 집 사기(강아지 두 마리 키우기) / 주택에 수영장 갖기 /펜션 + 카페 짓기 / 펀드 대박 나서 백억 벌기 / 내 이름으로 된 집 장만하기 / 한강이 내다보이는 아파트에 살기

[효도/가족] 엄마에게 꽃집 차려주기 / 엄마에게 서재 있는 집 사드리기 / 부모님 해외여행 보내드리기 / 할머니, 할아버지께 하루 한 번 전화 / 언니와 부모님과 함께 살기 / 사랑한다고 말할 수 있을 정도로 아빠와 친해지기 / 부모님께 매달 백만 원 용돈 부쳐드리기 / 내 돈으로 부모님 전원주택 마련해드리기 / 결혼 후에도 부모님 매월 외식 시켜드리기

[친구/결혼] 조인성 같은 미남과 한 번 사귀어보기 / 돈 많고 예의바른 남자친구 사귀어보기 / 수입이 안정적인 사람과 결혼하기 / 선과 정혜영 부부처럼 멋지게 결혼생활 하기 / 아들, 딸, 아들 세 명 낳기 / 멋진 독신녀 되기 / 변치 않고 질리지 않는 영원한 사랑 하기 / 일평생 마음을 나눌 수 있는 친구 열 명 만들기 / 다국적 친구들(네팔, 인도 등) 열 명

사귀기 / 사랑하는 사람과 무인도에서 한 달 살아보기

[취미/문화] 철인 3종 경기 출전하기 / 매일 두 시간씩 운동하기 / 일주일에 두세 번 남편이나 친구들과 뮤지컬 보기 / 1년에 세 번 이상 공연 보기 / 원숭이 키워보기 / 캠핑카 갖기 / 악기 세 가지 마스터 / 사격을 꼭 취미로 만들기 / 몸무게 45킬로 만들기 / 오토바이 열 대 갖기 / 소, 돼지 키우는 큰 목장 갖기 / 개인 헬리콥터 갖기 / 두바이 7성 호텔 버즈 알 아랍에서 묵기 / 나만의 곰인형 손으로 만들기 / 놀이공원 전세 내기(나만의 놀이공원 경험)

[여행] 세계일주하기(한비야의 글 보고 자극받다) / 30세 이전 이탈리아 여행하기 / 30세 이전 10개국 이상 여행하기 / 30세 이전 크루즈 여행 / 여행 친구들과 계 만들어 정기적으로 여행하기 / 2주일에 한 번씩은 꼭 국내 여행하기 / 대학 졸업 전 국토 순례하기

[봉사/기여] 미술치료사가 되어 여러 아픈 이 돕기 / 아이를 입양하여 돌보기 / 기부금 1억 이상 내기 / 장학재단 설립하기 / 오드리 헵번처럼 말년에 봉사활동하기 / 장기기증 증서 쓰기 / 두 달에 한 번 봉사활동하기 / 아프리카, 동남아시아 등 어려운 아이 후원하기 / 기아 어린이 한 명 후원하기 / 1년 내 꽃동네 봉사활동 다녀오기

[기타] 미스코리아대회 꼭 참가하기 / 남에게 폐 끼치지 않고 편안하게 죽기 / 언론매체에 10회 출연하기 / 다양한 강연에 초청되어 강연하기 / 네이버에 검색되는 사람 되기 / 아무 탈 없이 건강하게 90살 살기 / 조니 뎁과 인터뷰하기 / TV 퀴즈 프로그램에서 영웅 되기 / 나만의 서재 갖기 / 다이어트에 성공해 아름다운 외모 갖기 / 아침밥은 꼭 먹고 다니기 / 안경 벗고 긴 생머리 해보기 / 늙지 않고 아름다움 유지하기 / 피부관리 잘해서 피부 미인 되기

백지 상태에서 목표 수립은 쉽지 않으나 남이 수립한 목표 중 자신에게 해당하는 것을 선택하는 것은 어렵지 않다고 본다. 상기 목표를 참고로 하여 금년 또는 30대에, 또는 일생을 통해 이루고 싶은 것을 꼭 계획하여 풍성한 열매 맺는 아름다운 인생이 되기를 바란다.

36 **직업**과 **적성**에 대한 몇 가지 **오해**

누구나 자신의 적성에 맞는 직업을 원할 것이다. 인생 최대의 발견 중 하나가 자신이 원하는 것이 무엇인지 찾는 것이다. 하지만 실제로는 이 세상 떠날 때까지 자신의 적성이 무엇인지 모르고 살아가는 사람들이 더 많다. 자신의 적성을 잘 모르기 때문에 직무적성검사나 성격유형검사를 통해서 자신의 적성을 찾기도 하고 부모의 직업을 통해 자신의 적성을 찾아보기도 한다. 또는 멘토를 잘 만나 자신의 적성을 깨닫게 되기도 한다.

예체능 분야가 아닌 일반 기업에 종사하는 직업의 세계에서 사람들은 몇 가지 잘못 생각하고 있는 것들이 있다.

1. "그 직업을 가지려면 그 학과를 나와야 한다? "(특정 학과 = 특정 직업)

내 적성에 맞추어 향후 특정 직업을 목표로 학과를 선택하기보다는 내가 받은 수능 성적에 학과를 맞추는 경우가 더 많다. 그래서 나중에 후회하고 전과하는 학생들도 많지만, 어떤 과를 나오지 못했다고 하여 그 직업에서 영영 멀어지는 것은 아니다. 특정 직업에 적합한 전공이 나열되어 있지만, 그 직업을 가지기 위해서는 특정 학과를 반드시 전공할 필요는 없다.

S정보통신 인사팀장 시절, IT 직무 관련 신입사원 150명을 비전공자로 전원 선발한 적이 있다. 체육학과, 식품영양학과, 가정학과, 독문학과, 역사학과, 국문학과 등 정말 다양한 학과 졸업자들로 구성되어 있었다. 인성(사람 됨됨이)과 하고자 하는 의욕과 책임감 등을 선발 기준으로 신입사원을 뽑은 후 쌍용교육센터에서 3개월간 집중적으로 IT 교육을 시키고 현업에 배치했다. 그들은 2~3년이 지났을 때 평균적으로 IT 전공자들보다 생산성이 높게 나타났다. IT 개발 분야라도 꼭 IT 관련 학과일 필요가 없다는 사실이 입증된 것이다. 쌍용교육센터에서는 30년간 4만 명 이상의 IT 전문가를 양성했지만, 처음 입소할 때 IT 비전공자가 40% 가까이 된다. 이러한 현실을 보아도 특정 직업을 가지기 위해 반드시 특정 학과를 나와야 한다고 할 수는 없다.

2. "내 적성에 딱 맞는 직업이 있다?"

예체능 분야에서는 타고난 소질과 적성이 상당히 중요하겠지만 일반 조직의 세계에서는 적성보다는 본인이 맡은 업무를 대하는 태도가 더 중요하다. 필자의 경우도 수학을 전공하여 IT 개발이 적성에 맞다고 생각했으나 어느 시점에 인사 업무를 하게 되면서부터는 인사 업무도 내게 맞다는 걸 알게 되었다.

결국 좋아하는 일을 하는 것보다 내가 하는 일을 좋아하는 것이 더 중요하다. 그러면 내가 하는 일에 흥미를 느끼게 되며 그 일에 애착이 가고 생산성도 더 좋아지게 된다. 그렇게 좋은 성과가 나오면 이 일이 나의 적성이라고 생각하게 되는 것이다.   물론 직무 전환에 따른 적응기간은 당연히 필요하다.

결론적으로, 여러분은 자신이 업무를 잘 선택했느냐 그렇게 고민할 필요가 없다. 다만 아무리 열심히 해도 성과가 나오지 않는다면 그 직업은 다시 생각해볼 필요가 있다. 내 적성에 딱 맞는 직업이 있다기보다는 내가 하는 직업을 좋아하게 되면 그것이 내 적성이 된다. 지금 하는 일을 애인처럼 좋아해보자!

3. "명문대를 나오면 성공이 보장된다?"

성공의 사전적 정의는 '어떤 가치 있는 목표의 실현' 이지만, 현실에서 성공을 이야기할 때는 보통 권력과 명예와 부를 획득하는 것이라 말할 수 있다. 이와 같은 권력과 명예와 부는 명문대와 상관없는 경우가 많다. 내가 있던 S정보통신의 경우를 보아도, 연봉제를 실시하며 연봉 인상률 및 성과급과 출신 학교의 상관관계를 분석해보니 명문대와는 상관관계가 없는 것으로 나왔다. 물건을 살 때 모르면 돈을 더 주고서라도 브랜드를 사듯이 사람을 채용할 때에도 누가 잘하는지 알 수 없기에 학교라는 브랜드가 많이 작용하는 것이다.

결론적으로 말하면, 입사할 때는 명문대 출신이 더 합격률이 높은 것이 사실이지만 입사 후에 성과를 내는 것은 명문대 출신과는 상관없는 업무 능력과 인맥, 열정 등이 크게 작용한다. 그렇기 때문에 브랜드 가치가 낮은 대학을 졸업했다면 우선 내가 들어갈 수 있는 작은 규모의 기업에 들어가 자신의 시장가치를 높인 다음 업그레이드해서 더 좋은 곳으로 가는 것으로 목표를 정하면 되는 것이다.

많은 취업준비생들이 선입관념을 가지고 자신의 진로를 제한하는 경우가 많다. 세상이 아무리 넓어도 자신이 알고 경험한 눈으로만 세상을 보기에 사람마다 세상의 크기가 다른 것이다. 직업을 선정할 때 자신의 적성을 정확히 알고 그에 적합한 직업을 찾는 것이 최선의 방법이겠지만 자신의 적성을 찾다가 시간을 허비할 필요는 없다. 일반 회사라는 조직 세계에 취업을 원하는 사람이라면, 내가 선택한 일이 중요하다고 생각하며 흥미를 가지는 것이 결국은 자신의 적성에 맞는 직업이 된다.
"피할 수 없으면 즐겨라."
이는 직업의 세계에 꼭 어울리는 말이다. 그렇게 했을 때 일에 보람을 느끼고 행복한 보상이 따름은 물론이다.

67 용서의 위력

'축구 황제' 라 불리고 세계의 축구 역사를 새롭게 쓰게 한 펠레는 어린 시절 맨발로 축구를 해야 할 만큼 가난했다. 그러나 병원에서 청소부로 일하고 허드렛일을 하면서 축구선수로 활동했던 아버지의 가르침을 받아 체력과 기술을 연마했다. 가난한 집안의 가장이었던 그의 아버지는 맨발로 축구를 하는 아들 펠레를 가슴 아프게 지켜보면서도 틈틈이 아들의 연습을 지도했고, 아들에게 아버지로서의 모범을 보이기 위해 술과 담배를 입에 대지 않았다.

그러던 어느 날이었다. 아들 펠레가 동네의 불량스러운 친구들과 어울려 다니며 담배를 피우다가 아버지에게 들키고 말았다. 펠레는 크게 야단을 맞을 것이라 생각했지만 아버지는 아들의 어깨를 부드럽게 감싸 안으며 이렇게 말했다.

"펠레야! 너는 축구선수로 재능이 많으니 일류 선수가 될 수 있단다. 그러나 담배를 피우고 술을 마시면 아무것도 할 수 없단다. 왜냐하면 90분 동안 네 마음대로 그라운드를 누빌 수 있는 체력을 유지할 수 없단다. 그러니 네 스스로 선택하거라."

그리고는 낡은 지갑을 열어 펠레의 손에 담배 살 돈을 쥐여주었다.

펠레는 구겨진 몇 장의 지폐를 바라보았다. 그 순간 축구경기를 마치고 난 후에 매번 퉁퉁 부어오른 다리로 쩔룩거리며 집에 들어오면서도 불평 한마디 없이 병원에서 허드렛일을 하는 아버지의 모습이 떠올라 하염없이 눈물이 흘러나왔다. 펠레는 그날 이후로 담배는 물론 술에도 손도 대지 않았다. 그리고 아버지의 가르침을 가슴 속에 새기고 자신의 체력을 키우고 실력을 쌓는 데 전력을 다했다.

1958년, 그는 열일곱 살이라는 어린 나이에 스웨덴 월드컵에 참가하여 조국 브라질에 처음으로 우승컵을 안겨주었고, 축구 역사상 월드컵을 세 번이나 품에 안은 유일한 선수가 되었다.

평소 아무리 힘이 들고 지쳐도 내색 한번 하지 않고, 자식에게 항상 모범을 보이려 노력하고, 이를 몸소 실천함으로써 가르침을 주었던 아버지, 벌보다는 가슴에서 우러난 자식에 대한 용서가 펠레를 축구 황제로 키운 힘이 되었다고 한다.

벌보다는 용서를
꾸지람보다는 칭찬을
비방과 험담보다는 격려를
꾸지람은 사람을 오그라들게 만듭니다.
꾸지람은 사람을 왜소하게 만듭니다.
꾸지람은 사람을 부정(否定)으로 만듭니다.
격려와 칭찬은 보은(報恩)으로 돌아오고
비방과 험담은 비수(匕首)가 되어 돌아옵니다.

68 "그럼에도 **불구하고……**"를 **습관처럼 말**하자

잘 모르는 누군가에 대해서 어떤 평판을 들었을 때, 여러분은 그에 대해 어떻게 평가하게 되는가? 좋은 평판을 들었을 때는 그 사람에 대해서 일단 좋게 생각할 것이고, 나쁜 평판을 들었으면 당연히 나쁘게 생각할 것이다.

완전한 인간은 아무도 없다. 하나님이 인간을 창조할 때부터 서로 다르게 만들었고, 각자에게는 장점과 단점이 있다. 모든 것을 잘하는 사람은 거의 찾아볼 수 없다. 필자가 사무부총장으로 있었던 크리스천 CEO 포럼인 CCF 모임의 회장님 및 임원진들과 식사를 하는 자리에서, 회장님이 이렇게 말씀하시는 것이었다.

"나는 환율, 이율 등 숫자는 기가 막히게 잘 암기하는데 사람의 이름은 잘 기억 못합니다."

그분은 국가 경제 관련 중요한 수치를 다루는 금융통화위원회 위원(차관급)으로 활동하시는 분이었다. 정말 사람은 달란트가 서로 다르구나 하는 생각이 들었다.

헤엄을 잘 치는 오리는 달리기를 잘 못하고, 달리기를 잘하는 토끼는 헤엄을 잘 치지 못한다.

그래서 나는 사람을 평가할 때 "그럼에도 불구하고……"가 매우 중요하다고 강조한다. 타인에 대해 모든 것을 부정적으로 봐서도 안 되고 모든 것을 긍정적으로만 봐서도 안 된다. 다시 말해 'all good or all bad' 식 평가는 참으로 위험한 것이다.

누군가로부터 어떤 사람의 나쁜 평가를 들었을 때는 자동적으로 이렇게 생각하자.

"그럼에도 불구하고 그는 ……에 있어서는 장점이 있다."

또한 좋은 평가를 전해 들었을 때에도, "그가 탁월함에도 불구하고 이런 점에 있어서는 부족한 부분도 있을 것이다."라고 생각한다면 편견에 치우치지 않고 모든 사람을 대할 수 있다. 예를 들어 전직 대통령들에 대해서도, "박정희 대통령의 ……에도 불구하고 그는 경제 기적을 이루었지요." "김대중 대통령의 ……에도 불구하고 그는 민주화와 한반도 평화에 많은 기여를 했지요."와 같은 식으로 말이다.

"S사 김 전무는 ……에도 불구하고 사업 감각을 갖추었고, 추진력이 있고, 협상력도 뛰어나지요."

"S사 김 팀장은 ……에도 불구하고 남을 배려하고 서비스 마인드가 몸에 배어 있지요."

"S사 장 팀장은 ……에도 불구하고 친화력이 있고 사람을 소중히 여기는 마음이 있지요."

모든 사람은 자신의 가치관과 경험과 지식으로 사람을 평가한다. 타인에 대해 편견을 갖지 말고 그들의 장점을 보려고 노력하자.

몇 년 전, 설악산의 소나무 혹파리를 없애기 위해 구충제를 사용했더니 전혀 효과가 없었다. 그런데 헬기로 영양제를 뿌렸더니 그 혹파리 문제가 해결되는 것이었다.

모든 사람에게는 장점과 단점이 있다. 단점보다 장점을 더 많이 보고 상대방이 잠재력을 발휘할 수 있도록 격려하는 사람이 되기를 바란다.

나는 이런 사람이 좋다

작자 미상

그리우면 그립다고 말할 줄 아는 사람이 좋고

불가능 속에서도 한줄기 빛을 보기 위해 애쓰는 사람이 좋고

다른 사람을 위해 호탕하게 웃길 줄 아는 사람이 좋고

옷차림이 아니더라도 편안함을 줄 수 있는 사람이 좋고

자기 부모 형제를 끔찍이 사랑할 줄 아는 사람이 좋고

바쁜 가운데서도 여유를 누릴 줄 아는 사람이 좋고

자기 일에 만족을 가질 수 있는 사람이 좋고

어떠한 형편에든지 자기 자신을 지킬 줄 아는 사람이 좋고

노래를 썩 잘하지 못해도 부를 줄 아는 사람이 좋고

어린아이와 노인들께 좋은 말벗이 될 수 있는 사람이 좋고

책을 가까이하여 이해의 폭이 넓은 사람이 좋고

음식을 먹음직스럽게 잘 먹는 사람이 좋고

철따라 자연을 벗 삼아 여행할 줄 아는 사람이 좋고

손수 커피 한잔을 탈 줄 아는 사람이 좋고

이웃을 돌아볼 줄 아는 사람이 좋고

하루 일을 시작하기 앞서 기도할 줄 아는 사람이 좋고

하루 일을 마치고 뒤돌아볼 줄 아는 사람이 좋고

다른 사람의 자존심을 지켜줄 줄 아는 사람이 좋고

때에 맞는 적절한 말 한마디로 마음을 녹일 줄 아는 사람이 좋고

외모보다는 마음을 읽을 줄 아는 눈을 가진 사람이 좋고

친구의 잘못을 충고할 줄 아는 사람이 좋고

적극적인 삶을 살아갈 줄 아는 사람이 좋고

자신의 잘못을 시인할 줄 아는 사람이 좋고

용서를 구하고 용서할 줄 아는 넓은 마음을 가진 사람이 좋고

새벽 공기를 좋아해 일찍 눈을 뜨는 사람이 좋고

남을 칭찬하는 데 인색하지 않은 사람이 좋고

항상 겸손하여 인사성이 바른 사람이 좋고

춥다고 솔직하게 말할 줄 아는 사람이 좋고

자기 자신에게 자신감을 가질 줄 아는 사람이 좋고

어떠한 형편에든지 자족하는 마음을 가진 사람이 좋다

69 승진이 늦은 이유와 인생을 낭비한 죄

승진이 너무 늦어 불만이 많던 어느 중학교 선생님이 어느 날 교장선 생님에게 이렇게 따졌다.

"제가 이 자리에 몇 년이나 있었는지 아세요? 자그마치 25년이에요."

교장선생님이 대답했다.

"25년이 아닐세. 그건 자네가 잘못 생각한 거야. 자네는 1년 동안 있었 네. 그걸 스물다섯 번 반복한 것뿐이야."

정말 공감이 가는 글이다. (벤 크로치, 연설가)

예전에 한 번 본 적이 있지만, 지난 휴일 〈빠삐용〉이라는 영화를 오랜 만에 다시 보았다. 주인공 빠삐용은 살인죄라는 누명을 쓰고 감옥에 간 다. 그러나 목숨이 붙어 있는 한 죽음을 무릅쓰고 자유를 찾아 탈출을 시도한다. 탈출을 시도하다가 잡혀 독방에 갇히고, 거기서 살아남기 위 해 바퀴벌레며 각종 벌레들을 잡아먹으면서 삶에 대한 강한 의지로 목 숨을 유지하고 또 탈출을 시도한다. 그렇게 탈출에 성공해서 잠시 자유 를 만끽하지만, 얼마 못 가 또 잡혀서 절대 빠져나갈 수 없는 상어 떼가

득실거리는 악마의 섬으로 이송된다.

하지만 악마의 섬에서도 자유를 향한 그의 열정은 변함이 없었다. 그는 계속하여 탈출을 계획하고, 파도의 흐름을 정확히 읽어 어느 날 죽음을 각오하고 바다 속으로 뛰어든다. 그리고 결국 탈출에 성공한다.

디지털 시대를 살아가는 독자 여러분들에게 적극적으로 추천하고 싶은 영화다. 흔들리지 않는 목표, 자유를 향한 열정, 삶에 대한 강한 의지, 절대로 포기하지 않는 마음, 죽음을 무릅쓰고 지키는 우정 등을 배울 수 있는 멋진 영화라고 생각한다.

위에서 어느 교사가 승진을 못한 이유에 대해 언급했지만, 〈빠삐용〉이라는 영화에도 이런 장면이 나온다. 독방에 갇힌 빠삐용이 어느 날 꿈을 꾸었다. 옥황상제가 수행원을 데리고 저만치 나타난다. 빠삐용이 옥황상제에게 가서 따진다. "당신도 잘 알다시피 나는 사람을 죽이지 않았어요. 정말 억울해요. 감옥에서 내보내주세요."

옥황상제가 대답한다.

"네 말이 맞다. 너는 살인을 하지 않았으니 무죄다. 하지만 너는 살인죄보다도 더 죄질이 나쁜 인생을 낭비한 죄를 지었으니 너는 유죄다."

그러자 빠삐용이 "그렇구나, 나는 유죄구나."라고 인정하고 감옥으로 다시 돌아가는 장면이다.

우리는 살인죄보다도 더 죄질이 무거운 인생을 낭비하는 죄를 짓고 있지는 않은지 스스로 자문해보자.

"네가 헛되이 보낸 오늘은 어제 죽은 이가 그토록 그리던 내일이다." 라는 말을 되새기면서 낭비하지 않은 인생을 살아가는 우리가 되자.

70 인사팀장이 말하는 취업 성공 쪽집게 노하우

몇 년 전부터 이태백(이십대 태반이 백수)이란 말이 유행하더니 이제는 아무렇지도 않게 들린다. 그만큼 취업이 어렵다는 얘기다. 요즘 대학 고학년의 경우는 방학이 없다. 대부분 취업을 위한 스펙을 쌓기 위해 인턴이다, 자격증이다, 영어다, 모두들 바쁘게 보내고 있다.

필자가 대기업 인사팀장(임원) 12년, 중소기업 CEO 10년, 그리고 대학에서 9년간 "취업과 진로"라는 과목으로 대학생을 지도하면서 얻은 노하우를 바탕으로 이번에는 취업 준비생들에게 취업을 위한 쪽집게 원포인트 레슨을 하고자 한다.

1. 내가 나를 채용해야 하는 세 가지 이유는?

당신이 사장이라면 당신을 채용할 것인가? 나를 뽑아야 하는 세 가지 이유를 나열해보기 바란다. 자신이 없으면 당연히 불합격이다.

세 가지를 나열할 수 없으면 지금부터라도 만들어야 한다. 그러나 일반적인 이유로는 합격될 수 없다. 기업은 이윤을 추구하는 집단이기에 제일 먼저 돈을 벌 수 있는 능력(다시 말해 지원한 직무에 대한 수행능력)을 잘 어필할 수 있어야 한다. 예를 들어 IT 개발 분야에 지원했다면 "제가 ○○에서 지난 6개월간 거의 매일 9시부터 저녁 10시경까지 JAVA 교육과 프로젝트실습을 통해 개발 능력을 갖추었습니다."와 같이 당연히 자신의 개발 능력과 개발 경험에 대해 언급할 수 있어야 한다.

또한 기업은 혼자 일하는 것이 아니라 다른 사람(동료, 상사, 거래처, 고객 등)과 더불어 일해야 하기 때문에 인성(도덕성, 팀워크, 책임감, 서비스 마인드 등)이 중요하다. 이를테면 "○○프로젝트 실습을 통해 프로젝트 성공을 위해서는 기술력도 중요하지만 팀워크의 중요성에 대해 배웠으며, 아무리 힘든 상황에도 포기하지 않고 우리 팀원 전원이 끝까지 프로젝트를 완성해 우수 프로젝트상을 수상할 수 있었습니다."와 같이 사례와 함께 자신의 능력을 어필할 수 있어야 한다.

다시 말해 누구나 언급할 수 있는 일반적인 내용으로는 당연히 불합격될 수밖에 없다. 나를 채용해야 하는 직무 능력 한두 가지, 중요한 인성 한두 가지를 꼭 어필하라!

2. 전략적인 접근이 필요하다

앞에서도 말했듯이 필자가 내리는 전략의 정의는 "경쟁에서 이기기 위해 자신의 강점을 최대한 어필하고 자신의 약점을 최대한 감추는 것"이다. 취업에 있어서 전략은 그 기업에 입사하기 위해 그 기업에서 필요로 하는 것은 강조하고, 그 기업에서 필요로 하지 않는 것을 최대한 감추는 것이다. 취업 전략은 자신을 있는 그대로 솔직하게 드러내는 것이

     Chapter 03 괜찮아 마음먹기에 달렸어

아니라는 점을 명심하기 바란다.

　필자에게 자소서 자문을 구한 한 취업준비생의 경우 정말 솔직하고 정직한 성격을 갖고 있었다. 그는 자소서에 자신의 성격을 있는 그대로 잘 어필했으나 그 기업에서 오히려 그런 성격이 부담스러워 불합격 처리했다. 자신이 지원한 기업에서 요구하는 인재상을 잘 파악하지 못한 것이다. 다시 말해 전략적 마인드가 전혀 없었던 것이다.

일반적인 관리 업무 및 개발 분야 실제 자기소개서 사례

· **전략적 마인드가 없는 지원동기의 예 (회계 업무 지원)**

저는 일에 대한 욕심이 많다고 생각합니다. 그래서 귀사의 자금 관련 업무는 저에게 많은 배움의 일터가 될 것이라는 확신을 합니다. 기업의 보증, 자금 대출, 융자금 제공 등의 기업의 핵심 부분이라 할 수 있는 중요 업무에 동참하고 싶습니다.

또한 요즘 같이 분식회계나 자금 비리에 연루되어 있는 대기업을 보면서 능력 있는 인재에 앞서 도덕적이고 윤리적인 인재는 이 현 시점에 가장 중요한 역할을 할 것이라는 생각으로 귀사에 지원하고자 합니다.

· **전략적 마인드가 있는 지원동기의 예 (마케팅 업무 지원)**

저희 어머니께서는 할인점에 샘표 제품이 없으면 농협까지 가서 구입하실 정도로 샘표만을 고집하십니다. 저는 저희 어머니처럼 제품 충성도가 높은 소비자들은 물론, 그들의 자손에게까지 '샘표' 라는 러브마크를 새기는 일에 열정을 쏟겠습니다.

또한 저는 영국, 미국에서의 어학연수와 외국 여행을 통한 경험을 살려, 샘표를
가장 한국적이면서도 일본의 기꼬망 간장이나 아지노모도 같은 세계적 식품 브
랜드로 포지셔닝 시키고자 하는 비전을 가지고 도전하겠습니다.

· 전략적 마인드가 있는 지원동기의 예 (타이어 개발 업무 지원)

저희 집뿐만 아니라 친척들까지도 모두 금호타이어를 쓰고 있습니다. 앞으로 제
가 아는 사람은 모두 금호타이어를 쓰게 될 것입니다. 제가 귀사에 입사하고자
하는 가장 큰 이유는 모든 공학의 집합체가 될 자동차에 상응하는 타이어 개발
을 하고 싶어서입니다.

이제껏 석유를 이용한 타이어에서 모래를 이용하고 펑크가 나도 안전하게 달릴
수 있고, 타이어의 상태를 모니터를 통해 확인할 수 있게 되었습니다. 하지만 아
직도 개발은 미흡합니다. 제동거리를 단축해야 하고 빙판길에서 자유롭게 운전
할 수 있어야 합니다. 이 모두를 귀사의 각 분야 최고 인재들과 협력하여 이뤄나
가고 싶습니다.

3. 취업 준비는 혼자 하지 말고 반드시 여러 명이 함께 하라

필자는 "취업 성공의 여부는 재능에 달려 있는 것이 아니라 정보력에
달려 있다."고 정의 내리고 싶다. 취업을 준비하는 사람들은 반드시 네
다섯 명씩 취업 TFT를 만들어서 준비해야 한다. 인터넷 정보에만 의존
하지 말고 직접 발로 뛰어 취업에 대한 현실적인 정보를 적극적으로 수
집해야 한다.

TFT에서 수집된 취업 정보를 공유하고 모두가 평가위원이 되어 서류
전형도 하고 모의면접도 해보기 바란다. 그리고 서류와 면접에 대한 실

패 및 성공 사례를 공유하라. 그리고 실패를 통해 더 많은 것을 배워 도전하고 또 도전하라. TFT 전원이 취업할 때까지 TFT를 운영하는 것이 좋다. 아무리 늦어도 6개월이면 TFT가 해체될 것이다.

현재 실직이나 미취업 상태에 있는 여러분은 직업이 없는 상태로 있기 위해 이 세상에 태어나지 않았다는 것을 명심하기 바란다. 우리 회사의 슬로건인 "사자의 심장을 가져라! 여러분은 세상을 변화시키는 명품 리더입니다."처럼 여러분은 모두 세상을 변화시키는 명품 리더로서 태어난 것이다.

반드시 취업할 것이다. 단지 시기의 문제다. 비가 온 후에 하늘이 개고, 겨울이 지나면 반드시 봄이 오듯이 미래에 대한 희망과 긍정의 힘을 갖고 현재를 차근히 준비하기 바란다.

71 이런 **애인** 같은 **사람** **되는 것**이 어때요?

　2차 대전 당시 미국 태평양함대 사령관으로서 미드웨이(Midway) 해전에서 일본 함대를 격멸시킨 니미츠(Chester William Nimitz) 대장은 탁월한 행정가이자 전략가였다.

　1885년 2월 24일 미국 텍사스에서 출생한 니미츠는 고등학교 졸업 무렵 웨스트포인트(Westpoint, 미국 육군사관학교)를 졸업한 소위의 늠름한 모습을 보고 해군사관학교를 지원했다. 1905년 해군사관학교를 졸업하고 제1차 세계대전 시에는 미국의 대서양 잠수함 부대에서 근무하면서 전투 경험을 쌓았으며, 1941년 12월 태평양함대 사령관으로 승진하여 육군과 해군을 지휘하게 되었다. 그는 솔로몬 해전, 길버트 해전, 마셜 해전, 마리아나 해전, 팔라우 해전, 필리핀 지역의 해전을 지휘하며 명성을 쌓았다. 하지만 그는 전공(戰功)에 대한 욕심이 없었으며, 부하에게 공을 돌리고 본인은 책임을 지는 전형적인 야전 군인으로 남기를 원했다고 한다.

　그가 한 항공모함에서 근무할 때였다. 미국의 해군 최고 사령관이 방문하여 좁은 배 안을 다니다가 대장 계급장이 망가져 사용할 수 없게 되었다. 참모들을 불러 대장 계급장이 있는지 확인해보았으나 함대에는 소장이 제일 높은 계급이라 구할 수 없었다. 계급장도 없이 부대 행사를 치러야 할 판이었다. 사령관은 함 내 방송을 통해 공시(公示)하도록 지시했다. 곧 "대장 계급장이 있는 장병이 있으면 즉시 함장실로 오라. 적절한 포상을 하겠다."는 방송이 흘러나갔다. 그러나 누군가 대장 계급장을 가지고 있으리라고 기대하지는 않았다. 그런데 방송이 나간 지 채 10분도 되지 않아 한 소위가 찾아 들어왔다.

"무슨 일인가?"

"네, 니미츠 소위입니다. 방송을 듣고 대장 계급장을 갖고 왔습니다."

이를 지켜보던 사령관은 반갑기도 하고 한편으로는 궁금하기도 하여 소위에게 물었다.

"자네 같은 소위가 어떻게 대장 계급장을 갖고 있는가?"

"네, 제가 졸업하고 소위 임관을 할 때 애인이 선물로 주었습니다. 그래서 저도 꼭 해군 제독(提督)이 되려고 가슴에 품고 다닙니다."

사령관은 그의 당당한 모습이 마음에 들어 그를 격려했다.

"허, 허. 훌륭한 애인을 두었구먼. 열심히 노력해서 해군 대장이 되게. 따로 포상을 하지 않아도 되겠어."

이렇게 한바탕 웃으면서 다음 행사를 즐겁게 진행했다고 한다.

그 후 니미츠는 헌신적인 노력으로 많은 공을 세웠고 마침내 대장으로 승진했다. 니미츠 소위에게 대장 계급장을 선물한 애인은 니미츠 대장의 부인이 되었다.

여러분은 어떠한가?

여러분에게 꿈과 비전을 심어주는 누군가가 있는가?

성공한 사람 뒤에는 반드시 훌륭한 멘토가 있다. 강호동이 성공하기까지 이경규 같은 선배가 있었고, 이명박 전 대통령이나 미래에셋 박현주 회장 그리고 GE 잭 웰치 회장 뒤에도 어머니가 있었다. 그리고 지금은 고인이 되셨지만 시각장애인이란 장애를 극복하고 미국 백악관 차관보를 지낸 강영우 박사 뒤에는 아내가 있었고, 시각 · 청각 · 언어 장애를 가진 헬렌 켈러가 위인이 된 것도 그 뒤에 설리반이라는 선생님이 있었기 때문이었다.

여러분도 이와 같이 멘토가 되든가, 멘토를 의지적으로 만나서 멘토링을 받는 사람이 되기를 바란다.

72 진주조개로부터 삶의 **지혜를 배우자**

바다 속의 모래밭에 조개가 살고 있다. 조개가 숨을 쉬다 보면 모래 알갱이가 조개의 몸속에 박히게 된다. 그 연약한 조개의 살 속에 딱딱한 모래알이 박히면 조개는 그 살을 찌르는 아픔을 없애려고 자신의 몸에서 진액을 짜내어 끊임없이 모래알을 에워싸고 또 에워싸면서 고통과 인내의 시간을 보낸다.

그 오랜 고통의 시간을 이기고 나면 조개 속에 박힌 모래는 영롱한 빛깔을 내는 아름다운 진주가 된다. 조개의 몸속으로 들어온 모든 모래가 진주가 되는 것은 아니다. 그 모래알로 인한 고통을 견디지 못해 죽어버리는 조개도 많다. 그러면 영롱한 빛을 내는 아름다운 진주는 탄생하지 않는다. (《명품인생을 준비하라》에서 참조)

모든 사람이 성공을 원하고 성공을 향해 달려가고 있다. 그렇다고 모든 사람이 성공을 하는 것은 아니다. 한자의 정의를 보더라도 성공(成功)이란 뭔가 공을 들여 이루는 것을 의미한다. 결국 성공을 위해서는 진주조개와도 같은 고통과 인내의 시간이 필요한 것이다.

누군가 성공을 했을 때 갑자기 별처럼 떠올랐다고 생각하지 말자. 그 사람이 별처럼 떠오르기까지 얼마나 많은 시간을 어둠 속에서 그 빛을 발하기 위해 땀을 흘리며 노력을 했고, 그 별이 떠오르기까지 얼마나 긴 시간을 보내야 했는지를 생각하자.

특히 젊은 시절은 진주를 만들어내는 시간이다. 당장 별이 보이지 않는다 해도, 진주의 영롱한 빛이 나타나지 않는다 해도 결코 포기하지 말고 미래에 대한 멋진 소망을 가지자. 그리고 소망으로 그치지 않고 열심을 다하면서 때를 기다리자. 고통과 인내의 시간이 지나면 반드시 별처럼 빛나고 진주처럼 값지고 아름다운 모습을 갖게 될 것이다.

생쥐 실험에서도 비슷한 결과가 나타났다. 건강 상태가 동일한 쥐를 두 개 그룹으로 나누어 실험을 했는데, 한 그룹에는 아무런 장애물도 시련도 없이 먹이를 주고, 한 그룹에는 일정 시간이 지나면 장애물과 시련을 통과해야만 먹이를 주었다. 첫 번째 그룹의 쥐들은 처음에는 기름기가 흐르고 상당히 좋아 보였으나 시간이 지날수록 살이 두룩두룩 찌고 결국 비만한 쥐가 되어 두 번째 그룹의 쥐보다 빨리 죽게 되었다. 두 번째 그룹의 쥐는 장애물과 시련을 통과하면서 자기도 모르게 건강한 쥐가 되었고 첫 번째 그룹의 쥐보다 무려 1.5배 이상 오래 살았다.

<u>힘든 시련의 시간을 통과하면 머지않아 영롱한 빛을 발하는 진주를 손에 쥐게 될 것이다. 그 과정이 힘들다고 중간에 포기하면 결코 아름다운 진주를 손에 쥘 수 없다. 그 영롱하고 아름다운 진주를 향하여 오늘도 최선을 다하며 살아가야 한다.</u>

  Chapter 03 괜찮아 마음먹기에 달렸어

73 짝짝이 구두 이야기

우리나라 사람들은 아무거나를 좋아한다. 그래서 어느 술집에는 '아무거나' 안주가 준비되어 있다. 식당에 가서 음식을 주문할 때 "네가 알아서 시켜줘." "아무거나 주세요." 등 자신의 의사결정을 남에게 미루는 경우가 있다. 아무거나 달라고 했으면 아무 말 없이 먹어야 하는데 맛이 없으면 남을 탓하는 경우도 있다.

우리 사무실에 손님이 오면 어느 종류의 차를 마실 것인지 물어본다. 엔지니어 출신 최 부장은 늘 아무거나 달라고 한다. 그래서 내가 마시는 커피를 타서 주면 최 부장은 한 모금 마시는 척하고 전혀 마시지 않다가 미팅이 끝나면 커피가 담긴 종이컵을 들고 나간다. 결국 최 부장은 커피를 마시기 싫었던 것이다.

미국의 제40대 대통령을 지낸 로널드 레이건이 어렸을 때의 일이다.

어느 날, 레이건은 새 구두를 맞춰주겠다는 숙모를 따라 기쁜 마음으로 구둣방에 갔다. 구두 수선공은 레이건의 발 치수를 잰 뒤 물었다.

"구두의 끝을 둥글게 해줄까, 아니면 각이 지게 해줄까?"

레이건은 쉽게 결정을 내리지 못했다. 어떤 모양이 더 멋있을까? 생각

하며 망설이고 있는 그에게 수선공은 구두 모양을 결정했느냐고
물었다.

하지만 아직도 어느 쪽이 좋은지 결정하지 못한 레이건은 두 가지 구
두 모양이 모두 멋질 것 같아 마음이 오락가락한다고 말했다. 그러자 수
선공은,
"정 그렇다면 1주일 뒤에 구두를 찾으러 오너라. 내가 알아서 할
테니."
그의 말에 레이건은 차라리 잘됐다고 생각했다. 솜씨 좋은 구두 수선
공이 알아서 구두를 멋지게 만들어줄 것이라 기대한 것이다.
그러나 며칠 뒤 구두를 찾으러 간 레이건은 수선공이 만들어놓은 구
두를 보고 할 말을 잃었다. 구두의 한 짝은 둥글고, 다른 한 짝은 각이 진
짝짝이 구두였던 것이다.
몹시 당황해하는 레이건에게 수선공이 말했다.
"너는 이 일을 통해서 네 일을 다른 사람이 대신해서 결정을 내려줄
수 없다는 것을 배웠을 거야. 이처럼 스스로 내리는 결정은 무척 중요한
일이란다."
그 뒤 레이건은 이 일을 항상 머릿속에 두었고, 가끔 사람들에게 그
얘기를 들려주면서 이런 말을 잊지 않았다.

"나는 바로 그때 그곳에서, 스스로 결정을 내리지 않으면 다른 누군가
가 엉뚱한 결정을 해버릴 수도 있다는 사실을 깨달았습니다."

남에게 의사결정을 맡길 경우는 그 책임을 남에게 전가하지만 자신이 결정을 내릴 경우는 자신이 책임을 지면서 왜 그런 결과가 나왔는지 원인을 분석하고 향후 더 나은 의사결정을 위한 귀한 교훈을 얻게 된다.

직장 선택, 배우자 선택, 투자종목 결정, 신규 사업 결정, 식당 메뉴 결정 등 모든 사람들에게는 크든 작든 무엇인가를 결정해야 할 때가 자주 있다. 그 결과로 인해 나와 다른 사람에게 영향을 미친다면, 어떤 경우라도 내가 해야 할 결정은 내가 하자.

그렇다고 잘 모르는 상태에서 막무가내로 결정을 하라는 말이 아니다. 잘 모를 경우는 잘 아는 전문가에게 물어서 정보를 얻은 후 스스로 의사결정을 내리라는 것이다.

내 인생을 대신 살아줄 사람은 아무도 없다. 이제 모든 인생의 책임은 내가 지는 것이다.

오늘부터 어떤 경우라도 '아무거나' 라는 말을 쓰지 않는 습관에서부터 출발하는 건 어떨까?

74 백만장자와 게으른 사람의 차이

세계 최초로 샴쌍둥이 분리 수술을 성공시킨 벤 카슨의 《THINK BIG(크게 생각하라)》이라는 책을 세번 읽었다.

매우 가난했던 벤 카슨의 어머니는 백인 지역의 부잣집에서 식모로 일했다. 그녀는 부자들의 행동 특성과 자신이 사는 가난한 동네 사람들의 행동이 다르다는 것을 알게 되었다. 그리고 부자들의 행동 양식을 자신의 자녀들에게 반 강제적으로 적용하기 시작했다.

그 결과 가난하고 공부도 못했던 어린 벤 카슨이 부자들의 행동 습관을 따라 하게 되었다. 예를 들어 TV보다는 책을 좋아하고, 아침에 일찍 일어나서 하루를 계획하고, 모든 일에 긍정적으로 생각하는 등의 변화였다. 그는 결국 세계에서 이름난 의사가 되었고 많은 사람들에게 영향력을 미치는 위대한 인물이 되었다.

백만장자와 게으른 사람의 차이점, 그 열 가지 기본 법칙에 대해 소개하고자 한다. 이는 지인인 정승우 대표가 보낸 메일을 참조한 것이다.

1. 목표의 법칙

가난뱅이는 막연히 부자가 되고 싶어하지만 백만장자는 언제까지, 어떻게, 어떤 방법으로, 얼마를 벌지를 분명히한다.

특정한 금액과 기간을 정했다고 그 목표를 이룬다는 보장은 없다. 하지만 목표를 세우면 목표가 없을 때보다 큰 성공을 이룬다.

2. 20/80 법칙

가난뱅이는 모든 일을 공평하게 하지만 백만장자는 가장 중요한 일에 전력투구한다.

백만장자들은 자신의 노력과 시간의 80%를 고객과 활동에 투자한다. 그리고 나머지 20%는 만약을 대비하여 다른 곳에 투자한다.

3. TPA 법칙 (The Profitable Afternoon)

가난뱅이는 돈 안 되는 급한 일 처리에 늘 쫓기지만 백만장자는 급한 일을 하기보다는 돈 되는 일을 구상한다.

부를 측정하는 가장 중요한 척도는 돈벌이 아이디어를 짜내는 데 얼마나 많은 시간을 투자하느냐에 달려 있다.

4. 파킨슨의 법칙

가난뱅이는 마감 직전까지 일을 미루지만 백만장자는 나만의 마감시간을 정하고 남는 시간을 활용한다.

백만장자가 되려면 가능하면 빠른 시간 안에 할 수 있는 방법을 찾아야 한다.

5. 위임의 법칙

가난뱅이는 일에 파묻혀 허덕이지만 백만장자는 유능한 인재를 활용해 일을 줄이고 수입을 늘린다.

백만장자는 능력 있고 자주적이며 창의적인 사람을 곁에 두고 그들에게 일을 완전히 위임한다.

6. 멘토십의 법칙

가난뱅이는 자신보다 못한 사람을 곁에 두지만 백만장자는 자신보다 나은 사람을 곁에 두고 사귄다.

큰 사람을 곁에 두면 그만큼 일이 줄고 큰 걸음에 맞춰 자신도 큰 걸음을 내딛을 수 있기 때문이다.

7. 재충전의 법칙

가난뱅이는 1분 1초를 아끼며 시간관리를 하지만 백만장자는 매 순간을 즐기며 인생관리를 한다.

가장 가치 있는 것은 시간과 에너지이다.

8. 블링크의 법칙

가난뱅이는 직감을 어리석다고 치부하지만 백만장자는 자신의 집중력을 믿고 직관에 귀를 기울인다.

백만장자들은 순간의 느낌이나 징조 등에 무척 예민하며 이들을 경계한다. 자신의 직감을 따름으로써 시간과 돈을 절약할 수 있기 때문이다.

9. 최저가격의 법칙

가난뱅이는 일에 바빠서 가격흥정을 할 시간도 없다고 하지만 백만장자는 가장 싼 최저 가격을 선호하며 악착같이 흥정한다.

10. 물통의 법칙

가난뱅이는 주변인들을 비관주의자로 만들지만 백만장자는 칭찬과 격려로 주변인들을 낙관주의자로 만든다.

백만장자들은 항상 자신과 다른 사람의 기운을 북돋아주는 활력제 역할을 한다. 그들은 이러한 태도를 하나의 습관이나 체계로 받아들이고 제2의 천성으로 체화한다. 어느 누가 자신의 물통을 계속 비우기만 하는 사람과 관계를 맺고 싶어하겠는가?

"좋은 생각은 좋은 행동을 낳고, 좋은 행동은 좋은 습관을 낳고, 좋은 습관은 좋은 인격을 만든다."라는 말이 있듯이 위에 언급된 백만장자의 좋은 행동의 법칙을 생각하며 하나씩 하나씩 몸에 습관이 들도록 행동해보자. 언젠가는 백만장자가 되어 있을 것이다. 나를 포함한 이 글을 읽는 모든 사람들이 행복하고 베푸는 멋진 백만장자가 되기를 간절히 바란다.

75 언제나 **감사**하는 **마음을 갖자**

몇 년 전 어느 행사에서 닉 부이치치라는 한 청년의 강연을 듣고 큰 감동을 받았다. 참석한 모든 사람들이 눈시울을 적셨다.

태어날 때부터 팔다리가 없었지만 전 세계 어느 누구보다도 행복해 보였고 자신감에 넘쳐 있었다. 사람들은 그를 행복 전도사라고 부른다.

또 크리스천 CEO 포럼에서 고 강영우 전 백악관 차관보의 특강에 참석한 적이 있었다. 그는 중학교 시절 실명한 후 어머니와 누나마저 잃었지만 그 모든 고난을 극복해내고 한국인으로서 올라가기 쉽지 않은 미 백악관 차관보를 지냈던 것이다. 지금은 많은 이들에게 비전과 꿈을 심어주는 비전 전도사 역할을 하고 있다.

필자의 장모님는 직장암 수술을 받고 20년 이상을 살아오시다가 몇년 전 하늘나라로 가셨다. 장모님은 직장암 수술 후 인공항문을 옆구리에 차고 지내는 불편함을 조금도 내색하지 않고 하루하루를 감사하는 마음으로 사시다가 하늘나라로 가셨다. 그런 장모님이 그립습니다.

주변에 이런 사람을 접해보지 않은 사람은 없을 것이다. 있는 그대로에 감사하는 마음으로 살아간다는 것은 참 쉽고도 어려운 일이다. 작은 것에 감사하는 마음이란 무엇인지 다시 한 번 생각해보게 하는 작자 미상의 글을 적어본다.

언제나 감사하는 마음

두 눈이 있어 아름다움을 볼 수 있고,
두 귀가 있어 감미로운 음악을 들을 수 있고,
두 손이 있어 부드러움을 만질 수 있으며,
두 발이 있어 자유스럽게 가고픈 곳 어디든 갈 수 있고,
가슴이 있어 기쁨과 슬픔을 느낄 수 있다는 것에 대해 감사합니다.

나에게 주어진 일이 있으며, 내가 해야 할 일이 있다는 것을,
날 필요로 하는 곳이 있고, 내가 갈 곳이 있다는 것에 대해 감사합니다.
하루하루의 삶의 여정에서 돌아오면 내 한 몸 쉴 수 있는 공간이 있다
는 것을 날 반겨주는 소중한 이들이 기다린다는 것에 대해 감사합니다.

내가 누리는 것을 생각합니다.

아침에 보는 햇살이 기분 맑게 하며
사랑의 인사로 하루를 시작하며
아이들의 해맑은 미소에서 마음이 밝아질 수 있으니

길을 걷다가도 향기로운 꽃들에
내 눈 반짝이며……

한 줄의 글귀에 감명받으며
우연히 듣는 음악에 지난 추억을 회상할 수 있으며
위로의 한마디에 우울한 기분 가벼이 할 수 있으며
보여주는 마음에 내 마음도 설렐 수 있다는 것을
나에게 주어진 것들을 누리는 모든 것에 대해 감사합니다.

볼 수 있고,
들을 수 있고,
만질 수 있고,
느낄 수 있다는 것에
건강한 모습으로 뜨거운 가슴으로
이 아름다운 한 세상을 살아가고 있다는 것에
오늘도 감사하다는 것을…….

76 인기가 아주 **많은** 할머니의 **비밀**

일본의 어느 한 마을에 1500명이나 되는 팬을 가진 인기 많은 할머니가 있었다. 그분은 도대체 어떤 할머니였던 것일까? 할머니가 돌아가셨을 때, 장례식장에는 무려 1500명이나 되는 문상객이 모여들었다. 인구 3천 명의 마을에서 절반인 1500명이 모였던 것이다.

그 할머니는 정치가도 아니었고, 마을의 명사도 아니었고, 스타 연예인 출신도 아니었다. 젊은 시절 초등학교 선생님을 하셨던 보통의 할머니였다. 그럼에도 불구하고, 그 마을 인구의 절반인 1500명이 그 할머니의 장례식장에 참석했다. 적어도 마을 사람 두 명 중 한 명에게는 사랑받고 있었다는 얘기이다.

우리나라 속담에 "정승집 개가 죽으면 문상객이 넘치지만 정승이 죽으면 강아지 한 마리도 안 온다."라는 말이 있는데, 이 할머니는 정말 대단하지 않은가?

살아생전에 이 할머니는 무엇을 하고 계셨을까?

특별히 눈에 띄는 일을 하지는 않았다고 한다. 단지, 돌아가실 때까지 제자들의 가게에서만 필요한 물건을 샀다고 한다. 가까운 곳에 가격이 싼 할인 매장이나 슈퍼마켓이 생겨도 그곳에 가지 않고, 가격이 비싸도 일부러 제자들이 운영하는 작은 상점에서만 물건을 사 오곤 했다는 것이다.

"근처 슈퍼마켓에 가면 20% 싸게 살 수 있는데도 먼 곳까지 일부러 우리한테 사러 와주시다니……." 가게 주인들은 모두 고맙고 기쁘게 생각했다. 자신이 입는 옷도 브랜드에는 신경 쓰지 않고, 제자의 옷 가게에서 사 입었다.

그녀에게 있어서 돈을 쓰는 것, 그리고 살아간다는 것은 인연이 있는 사람을 응원하는 것, 그들을 기쁘게 하는 것, 그것이 전부였다.

인연이 있었던 사람을 기쁘게 하고 싶다는 생각으로 평범하고 소박하게 살아가다 보니, 자신도 모르는 사이에 마을 사람의 절반이 그 할머니의 열렬한 팬이 되었던 것이다.

이 글을 읽는 명품 독자 여러분, 정말 멋있는 할머니라는 생각이 들지 않는가?

나 역시 이 얘기를 들으면서 반성해본다. 지인이 운영하는 가게의 비싼 물건보다 모르는 사람 가게에 가서 싼 물건을 산 적이 많았던 것 같고, 남을 응원하기보다 내 자신의 이익에 더 관심을 기울인 것 같다.

늦었지만 지금부터라도, 비록 다른 곳보다 비싸다고 할지라도 지인이 운영하는 가게를 많이 이용하려고 한다. 내가 좀 손해 보더라도 남을 응원하면서 남을 기쁘게 하면서 살려고 노력할 것이다.

할머니만큼은 미치지 못하겠지만, 언젠가 이 세상을 떠나 하늘나라로 갈 때 나를 배웅해주는 사람들이 많았으면 하는 기대를 해본다.

Chapter 03 괜찮아 마음먹기에 달렸어

77 어느 **심리학자**의 신통방통한 **예언**

유명한 어느 심리학자가 고등학교 강연에 갔다. 그리고 강연이 끝난 후에는 각 학급을 돌아보며 그 학급의 담임선생님에게,

"저 학생과 저 학생, 그리고 저 학생." 교실 뒤편에서 40명 정도의 학생을 쭉 둘러보고는 세 명의 학생을 가리키며 당부했다. "저 세 학생들은 지금부터 성적이 쑥쑥 올라갈 테니까 지켜봐주세요."

그로부터 몇 개월 후, 놀랍게도 그 세 학생의 성적이 눈에 띄게 향상되었다.

놀란 선생님이 그 심리학자에게 물었다.

"아니, 어떻게 해서 그 학생들을 아셨습니까?"

그러자 심리학자는 이렇게 대답했다.

"그냥 어림짐작이었습니다."

사실은 이 세 학생의 성적이 올라간다는 심리학자의 말 한마디로 담임선생님의 의식에 변화가 생긴 것이다. 그 세 학생을 바라보는 담임선생님의 시각이 바뀐 것이다. 그러다 보니 그 학생들의 성적이 오르기 시작했다. 비밀은 거기에 있었다고 한다. (《3초 만에 행복해지는 명언 테

라피》에서 참조)

<u>여러분은 위 글을 읽고 무엇을 느꼈는가?</u>
<u>혹시 학벌이나 부, 출신, 학점, 지위, 외모 등 외형적으로 보이</u>
<u>는 내용만 기준으로 선입관념을 갖고 그 사람을 판단하지는 않</u>
<u>았는가?</u>

"관찰자의 시선(의식)이 바뀌면 대상물에 영향을 준다."라는 양자역학(量子力學)의 원리처럼, 우리가 상대방을 바라보는 관점이 바뀌면 그것만으로도 그 사람은 바뀔 수 있다. 아무리 하찮은 것이라도 내가 상대방을 귀하게 여긴다면 그는 귀하게 될 것이다.

역으로 나 자신에 대한 관점이 바뀌면 나 자신도 변하게 되는 것이다. 그것이 바로 긍정의 힘이다.

Chapter 03 괜찮아 마음먹기에 달렸어

78 승자와 패자의 차이

성공한 사람과 실패한 사람의 차이는 많은 사람들이 습관의 차이라고 말한다. 《성공하는 사람의 7가지 습관》이란 책이 오랫동안 베스트 셀러였고 그것을 본떠서 많은 책이 우후죽순처럼 쏟아져 나왔다. 지금도 그 일곱 가지 습관을 바탕으로 개발한 교육과정에 많은 사람이 참여하고 있고, 그 습관으로 인해 많은 사람이 성공의 길로 가는 계기가 되었다고 한다.

얼마 전 MBA 선배이신 인봉 이순우 회장님으로부터 "승자와 패자의 차이"라는 메일을 받았는데 여기에 소개하고자 한다.

승자의 입에는 솔직함이 가득 차고, 패자의 입에는 핑계가 가득합니다. 승자는 "예"와 "아니오"를 정확히 말합니다.

승자는 어린아이에게도 사과할 수 있지만, 패자는 노인에게도 고개를 못 숙입니다. 승자는 넘어지면 일어나 앞을 보고, 패자는 넘어지면 일어나 뒤를 봅니다.

승자는 패자보다 더 열심히 일하지만 여유가 있습니다. 패자는 승자보다 게으르지만 언제나 바쁘다고 말합니다. 승자의 하루는 25시간이고, 패자의 하루는 23시간밖에 안 됩니다.

승자는 열심히 일하고 열심히 놀고 열심히 쉽니다. 패자는 허겁지겁 일하고 빈둥빈둥 놀고 흐지부지 쉽니다. 승자는 시간을 관리하며 살고, 패자는 시간에 끌려 삽니다.

승자는 지는 것을 두려워하지 않지만, 패자는 이기는 것을 은근히 염려합니다.

승자는 과정을 소중히 생각하지만, 패자는 결과에만 매달려 삽니다. 승자는 순간마다 성취의 만족을 경험하고, 패자는 영원히 성취감을 맛보지 못합니다.

승자는 구름 위에 뜬 태양을 보고, 패자는 구름 속의 비를 봅니다. 승자는 넘어지면 일어서는 쾌감을 알고, 패자는 넘어지면 재수 없다고 한탄합니다.

79 신입사원 성공 비결─ 먼저 **스파이**가 되라

이십대 절반이 백수라는 '이태백' 이란 말이 낯설지가 않고 익숙하게 들리는 게 요즘의 현실이다. 그만큼 취업이 힘든 것이다. 하지만 취업한 다고 해서 평생직장이 보장되는 것이 아니다. 기업에서 구조조정을 하면서 젊은 층에서도 자신의 의지와 상관없이 회사를 나오게 되는 경우가 많다.

얼마 전 S그룹 기획담당 상무로 있던 내 친구가 회사를 나오게 되었다. 아이디어를 요구하는 기획 업무는 만 50세 이상은 적합하지 않다며 나가라고 했다는 것이다. 이제 구조조정 대상은 연령과 상관이 없다.

이제 입사 후를 준비해야 한다. 신입사원으로 입사 후 구조조정 대상자에서 피하는 노하우, 그를 넘어 기업에서 좋은 평가를 받는 핵심 인재가 되는 비결에 대해 알아보자. (참고로 필자는 인사팀장으로 근무하면서 세 차례에 걸쳐 직접 대규모 구조조정을 실시한 경험이 있다.)

1. 스파이가 되라

우선 신입사원으로 입사하면 제일 먼저 스파이가 되라고 얘기하고 싶다. "갑자기 웬 스파이?" 하며 반문할지도 모르겠지만, 스파이의 임무가 무엇인가? 기업의 중요한 정보를 파악해서 적에게 넘기는 것이다. 단지 그 정보를 적이 아닌 자기 자신에게 넘겨주어 업무에 최대한 활용하라는 것이다.

우리 기업의 비즈니스모델이 무엇인지, 내가 하는 업무 프로세스와 관련 규정이 무엇인지, 이 업무를 성공적으로 하기 위해 무엇을 해야 하는지, 내 업무에 직간접적으로 관련된 업무의 전문가가 누구인지, 누가 마당발이고 누가 정보통인지 등등을 눈을 부릅뜨고 파악하기 바란다.

인사팀장으로 있을 때 한 신입사원에게 매일 하나씩 회사/업무/관련 기술에 대한 정보를 파악해서 한 페이지 분량으로 정리하라고 지시한 적이 있다. 그 친구는 거의 1년간 하루도 빠지지 않고 임무를 수행했는데, 과정은 힘들었지만 그렇게 한 것이 본인의 성장에 큰 도움이 되었다. 지금 그 직원은 현재 KT 상무로 재직하고 있다.

2. 자신의 업무에 대한 전문성을 쌓아라

내가 맡은 업무에 있어서는 누구보다도 잘 알고 있어야 한다. 자신이 맡은 업무에 대해 팀장보다 잘 모르고 있다면 문제는 심각하다. 팀장은 많은 업무를 맡고 있고 당신이 맡고 있는 업무는 일부분이다. 그 업무에서조차 팀장보다 못하다면 팀원으로서 자격이 없다. 처음에는 신입이라서 용서가 되지만, 일정 기간이 경과하면 상사가 의사결정을 잘 내릴 수 있도록 도움을 줄 수 있어야 한다.

신입사원 2~3년 생활이 인생을 좌우한다는 말이 있듯이 자신이 맡은 업무에 대해 빠른 시간 내에 습득하는 것이 중요하다.

3. 전문성과 더불어 개인적인 매력도를 증가시켜라

"옷 때문에 채용되고 능력 때문에 해고된다."

세계를 정복한 나폴레옹이 한 말이다. 업무의 전문성만 있다고 해서 회사에서 인정받는 것이 아니다. 업무의 전문성과 더불어 남에게 호감이 가는 행동이 필요하다.

전문성이 높아 상사보다 자신이 우월하다는 인식으로 의견을 개진한다면 오히려 역효과가 난다. "진리란 깨지기 쉬운 유리 같아서 부드러운 그릇에 담아 전달되어야 한다."라는 말을 명심하기 바란다.

특히 상사와 의견이 다른 내용으로 직언할 때는 부드러운 그릇인 겸손한 태도로 상사를 대해야 한다.

그리고 상사의 고독을 터치하고 상사이지만 칭찬을 아끼지 말아야 한다. 자신의 팀장이 상사로부터 깨지고 나왔을 때, 만약 술을 좋아하는 팀장이라면 "오늘 팀장님 기분이 안 좋아 보이시는데 퇴근하시면서 소주 한잔 하시죠. 오늘은 제가 사겠습니다."라고 제안해보라.

고객사에서 팀장이 프레젠테이션을 잘했을 때 "오늘 팀장님이 최고였어요. 고객들이 다 감동먹었어요. 피티만큼은 우리 팀장님이 최고입니다."라고 칭찬해보라.

또 상사가 새로운 양복을 입고 왔을 때나 이발을 했을 때 멋지게 칭찬하는 것, 바로 이런 행동들이 개인적인 매력도를 증가시키는 것이다.

상사가 어젯밤 고객 접대로 술을 많이 마셨다면 아침에 출근하자마자 해장 드링크라도 한 병 사서 마음을 전하라는 것이다.

전문성과 더불어 작은 부분에서 많은 사람으로부터 매력도를 높이는

데 신경 써야 한다.

4. 마지막으로, 상사가 기대한 이상으로 노력하라

　퇴직하겠다고 마음먹은 사람에게 나타나는 현상이 있다. 출근 시간이 늦어지고 퇴근 시간이 빨라진다는 것이다. 조직의 로열티가 높은 사람은 상사가 기대한 이상으로 노력한다. 정시에 퇴근해도 되는 임시 직원이 정규 직원보다 더 많은 일을 하고 더 책임감을 갖고 한다면, 그의 상사는 기회가 되면 임시 직원을 당연히 정규직으로 채용할 것이다.

　S정보통신 인사팀장으로 근무할 때, 한 아르바이트생이 제일 먼저 출근해 문서수발함을 정리하고 늦게까지 문서를 정리하는 것을 보고 인사팀장인 내가 직접 채용 정보도 주고 예상 면접 질문도 주고 해서 마침내 정규 사원으로 입사하게 되었고, 결국 총무팀장까지 승진했다.

　취업도 중요하지만 취업 후 기업에서의 처신도 중요하다. 능력만 있다고 해서 인정받는 것은 아니다. 자신이 맡은 업무에 대한 전문성과 더불어 상사의 고독을 터치하고 감사와 칭찬, 겸손의 태도로 개인적인 매력도를 높여 구조조정의 심한 파도 속에서 오히려 승승장구하는 여러분이 되기 바란다.

30 어려운 환경에서도 서로 격려하고 사랑하자

　중소기업CEO를 만나면 대부분 사람들이 사업이 어렵다고 하고 필자는 현상유지하고 있다고 하면 아주 잘하고 있다고 할 정도로 경기가 침체다. 이럴 때일수록 잘될 것이라는 강한 믿음을 갖고, 서로 격려하고, 인내심을 갖고 사랑을 베풀고, 서로 용납하면서 환경을 슬기롭게 극복해나가자. 예전에는 "하늘은 스스로 돕는 자를 돕는다."라고 했는데, 요즘은 "하늘은 어려울 때 남을 돕는 자를 돕는다."로 바뀌었다고 한다. 계곡이 깊을수록 산이 높고, 긴 어둠의 터널이 지나면 빛나는 태양이 우리를 기다리고 있고, 혹독한 추운 겨울이 지나면 반드시 따뜻한 봄이 오듯이 우리의 이런 어려운 환경이 지나면 반드시 축복의 시간이 오리라고 믿는다.

　미국 보스턴의 한 정신병원에 불쌍한 소녀가 수용되어 있었다. 이 소녀는 갑작스러운 공격성으로 인해 많은 사람들을 힘들게 하는 정신정서 장애를 가지고 있는 소녀였다. 의사가 그 소녀에게 도저히 회복이 불가능하다는 판정을 내렸다. 가정에서도 아무도 찾아오지 않고 간호사들도 그 방에 들어가기를 꺼려했다.

　그러던 어느 날이었다. 아무도 돌보아주지 않는 이 외롭고 불쌍한 소녀에게, 그 병원에서 일찍이 은퇴를 했던 한 늙은 여 간호사가 찾아왔다. 따끈하게 갓 구워 낸 쿠키를 가지고 와서, 이 소녀에게 주면서 사랑을 고백했다. 소녀는 그것을 집어던지고 발로 밟고, 괴성을 질렀다. 그러기를 6개월, 한결같이 그를 사랑한다고 고백하면서 함께해준 그 늙은 간호사로 인해 이 어린 소녀는 새 사람이 되었다. 완전히 정상적인 아이로 변한 것이다. 그리고 세월이 흘렀다.

어느 날 이제는 여인이 된 그 소녀가 신문을 통해 어느 광고를 보게 되었다. 거기에는 이런 글이 씌어 있었다.

"한 소녀가 있습니다. 눈도 보지 못합니다. 귀도 듣지 못합니다. 더더군다나 말도 하지 못합니다. 이 삼중고를 가지고 있는 어린 소녀 헬런 켈러를 도와줄 사람을 찾습니다."

광고를 본 이 여성은 그날로 그곳에 가서 그 아이를 평생 돌보아주는 가정교사가 되었다. 그 사람이 바로 과거에 많은 사람들에게 버림을 받았던 '리틀 애니', 앤 설리반 선생님이었다.

우리는 헬렌 켈러와 앤 설리반 선생님을 다 알고 있다. 그러나 그 뒤에 그들을 그렇게 있게 한 늙은 간호사가 있다는 사실을 알지 못한다. 우리도 저 은퇴한 노 간호사처럼 하기는 어렵겠지만 주변에 어려움을 겪는 사람들에게 따뜻한 말 한마디로 격려하고 사랑을 베풀자. 그들에게 긍정의 힘을 심어주고 소망을 심어주자.

나 하나 추스르기도 힘든데 어떻게 남을 격려할까?

이 글을 읽는 여러분은 이미 늙은 간호사로부터 간접적으로 사랑을 받았기에 그 받은 사랑으로 스스로를 격려하고 주변의 많은 사람에게 격려의 말을 할 수 있다.

31 대학 교수의 **마지막 강의**

　지난 2008년 미국 카네기 멜론 대학의 컴퓨터 학과 교수 랜디 포쉬는 '마지막 강의'를 했다. 췌장암으로 시한부 인생을 선고받은 후 '어릴 적 꿈을 성취하는 방법'이라는 주제로 강연을 한 후, 이것이 '마지막 강의(The Last Lecture)'라는 제목으로 유튜브에 올려지면서 그는 유명인사가 됐다. 600만 명 이상의 네티즌들이 동영상을 보았고, 책으로도 만들어져 300만 부 이상 팔리는 베스트셀러가 됐다.

　제자와 동료 교수 400명과 함께한 76분의 이 강의에서 포쉬 교수는 "난 암에 걸렸지만 육체적으로는 건강하다"며 팔굽혀펴기를 하기도 하고, "만화 '곰돌이 푸'의 티거(Tigger)처럼 즐겁고 열정적으로 살 거예요."라며 익살스럽게 말한다. 조지 부시 전 대통령은 "미국 젊은이에게 열정과 정신적인 영감을 불러일으켜줘 고맙다."며 직접 서한을 보내기도 했다.

　"인생에서 장애물이 존재하는 이유는 이 장애물을 통해서 우리에게 꿈이 얼마나 간절한지를 깨닫게 하기 위해서이다."

이 마지막 강의를 통해서 끝까지 좌절하지 말고 열정과 긍정적, 적극적 사고로 살아야 한다는 것을 일러주고 그는 세상을 떠났다.

랜디 포쉬 교수의 '마지막 강의'

죽음을 앞두고 마지막 강의를 한다면 어떤 얘기를 하시겠어요?

저에겐 그런 엄청난 일이 실제로 일어났습니다.

췌장암으로 수술에 방사선 치료도 받았지만 다시 재발했죠.

병원에서는 할 수 있는 일이 아무것도 없다고 합니다.

그저 한 달 정도를 사는 것밖에요.

저는 이것이 싫습니다. 제겐 세 아이가 있으니까요.

제가 치료를 받으면서 죽는다는 사실을 받아들일 수밖에 없지만 그렇다고 우울하진 않습니다. 동정도 받고 싶지 않죠.

오늘은 죽음이 아닌 삶과 삶의 방식을 얘기할 겁니다.

특히 어린 시절의 꿈과 그것을 이루는 방법을요.

여러분도 저도 꿈이 있었습니다. 저는 어린 시절을 아주 행복하게 보냈죠. 항상 꿈을 꾸며 살았죠. 꿈꾸기 좋은 시절이었습니다. TV를 켜면 달을 탐험하는 장면이 나왔죠. 모든 게 가능한 시대였습니다.

우리는 그 정신을 잃으면 안 됩니다.

제 꿈 중의 하나가 프로 축구 선수였는데 결국 이루지 못했습니다.

   Chapter 03 괜찮아 마음먹기에 달렸어

하지만 꿈을 위해 노력하면서 많은 것을 얻었죠.

경험이란 원하는 것을 얻지 못할 때 생기는 것입니다.

제가 작은 축구팀에서 뛸 때 짐이란 코치가 있었습니다.

"틀렸다. 돌아가라. 다시 하라."

그 코치는 훈련 때마다 두 시간 내내 저를 괴롭혔죠.

"넌 탈락이다. 팔굽혀펴기를 각오하라."

저에게 아주 혹독했습니다.

부 코치가 오더니 저에게만 심한 것 같다기에 제가 맞다고 했죠.

그랬더니 그게 다 관심이라는 겁니다.

아예 포기를 하면 지적이고 뭐고 상관도 안 한다고요.

누군가가 몇 시간이고 매달려 잔소리를 한다면 그건 그만큼 잘되기를 바란다는 뜻입니다.

또 하나의 꿈은 디즈니 입사였습니다.

여덟 살 때 온 가족이 디즈니랜드로 여행을 갔죠. 온갖 신기한 놀이와 구경거리가 가득했습니다. 저는 말했죠. "오! 내가 크면 꼭 이런 것들을 만들어야지!" 대학 졸업 뒤 디즈니사에 지원서를 냈지만 불합격 통지서를 받았습니다. 대학원 졸업 뒤에도 계속 그랬죠.

하지만 그 뒤에 놀랄 만한 일이 일어났죠.

제가 정말 열심히 공부해서 교수가 됐거든요.

그 후 디즈니에 꼭 필요한 기술을 개발해서 디즈니의 일원으로 '알라딘의 마법융단' 이란 걸 만들었죠. 정말 멋진 경험이었습니다.

그 꿈을 이루기까지 15년이 걸렸습니다. 수없이 도전하면서요.

이를 통해 인생에 왜 장애물이란 게 존재하는지 배웠습니다.

그것은 우리를 지나가지 못하게 하기 위해서 있는 게 아닙니다.

장애물을 통해 우리는 그 꿈이 얼마나 간절한지를 깨닫게 되죠.

어린 시절에 멋진 꿈을 꾸려면 좋은 부모님이 계셔야 합니다. 운 좋게도 전 그랬습니다. 아버지는 늘 재밌고 놀라운 분이셨죠. 아버지는 소위 위대한 세대로, 2차 대전에도 참전하셨습니다. 2차 대전 때 아버지가 받은 청동 성장을 발견했습니다. 50년간 함께 사신 어머니도 전혀 모르고 계셨다고 합니다. 저는 아버지로부터 참된 겸손을 배웠습니다.

어머니는 사랑을 주시죠. 제가 교만해질 때마다 어머니는 호되게 질책하셨죠. 대학원에 다닐 때 졸업 전공시험을 보면서 제가 시험이 너무 어렵다고 불평을 하고 짜증을 내니까 어머니가 그러셨어요.

"힘든 거 다 안다. 하지만, 아버지는 네 나이 때 독일군과 싸우셨다."

박사학위를 받던 날엔 이렇게 절 소개했죠.

"제 아들이에요. 박사지만 아직 남을 돕지는 못하죠."

부모님은 제가 방에다 마음껏 그림을 그리게 허락해주셨죠. 전 로켓과 승강기 문을 그렸죠. 부모님은 이 모든 자유를 허락하셨죠. 깨끗한 벽보다 저의 창의성을 더 중요하게 생각하셨던 겁니다. 또 그 어떤 물건보다도 사람이 소중하다는 걸 가르쳐주셨죠.

저는 곧 죽습니다. 하지만 남은 날 동안 신나고 재미있게 살 겁니다.

꿈을 이루고 싶다면 열심히 일하고 신나게 노세요. 또 따르기 힘든 일이지만 늘 진실만 이야기하세요.

잘못했을 때 사과하세요. 요즘엔 잘못된 사과가 많죠. 좋은 사과는 세 가지로 이루어집니다.

'죄송합니다. 제 잘못입니다. 어떻게 고쳐드릴까요?' 보통 세 번째를 많이 놓치죠. 늘 진지하게 말하세요.

우리 모두는 누구나 한 명쯤은 싫어하는 사람이 있습니다. 하지만 세상에 완전히 악한 사람은 없죠. 참고 기다리면 그도 좋은 면을 보여줄 겁니다. 성급하게 굴지 말고 인내심을 가지세요.

또 감사의 인사를 하세요. 제가 종신교수로 임명되었을 때 제 자비로 연구실의 학생 열다섯 명과 디즈니월드에 갔죠. 동료 교수가 어떻게 그런 엄청난 돈이 들 일을 하냐기에 저를 위해 수년간 애써준 학생들에게 그 정도는 당연하다고 했죠.

감사는 간단하면서도 강력하죠. 불평불만으로는 문제를 해결할 수 없습니다. 최초의 메이저리그 흑인 선수 재키 로빈슨은 누가 침을 뱉어도 경기만 묵묵히 했다고 합니다. 재키 로빈슨이든 저 같은 시한부 환자이든 상관없이 누구나 주어진 시간에 불평을 할 수도, 경기를 할 수도 있죠. 하지만 경기를 열심히 하는 게 결국 도움이 될 겁니다.

제가 왜 이 강의를 하게 됐는지 아시는 게 중요합니다.

이건 단지 꿈을 이루는 방법이 아닌 더 폭넓은 이야기입니다.

바로 삶에 대한 이야기죠. 우리가 올바르게 살아가면서 그 힘이 우리를 이끌어서 꿈을 이루게 할 겁니다. 우리가 올바로 산다면 말입니다.

이 강의가 많은 분들에게 도움이 되기를 바랍니다. 감사합니다.

랜디 포쉬의 마지막 강의를 음미하면서 자신의 삶을 돌아보는 계기가 되었으면 한다.

일주일 후 세상을 떠난다고 했을 때 과연 여러분은 지인들이나 후배들에게 어떤 얘기를 남기고 싶은가?

일전에 90세가 된 미국 노인들을 대상으로 "당신이 젊은 시절로 돌아간다면 무엇을 할 것인가?"라는 설문조사에 응답자의 80% 이상이 뭔가 도전해보고 싶고 꿈과 비전을 가지고 살고 싶다고 응답했다.

"미래는 꿈꾸는 자의 것이다." "미래는 준비하는 자의 것이다."라는 말이 있듯이 오늘 무엇인가를 꿈을 꾸고 준비하고 있다면 반드시 미래에 멋진 열매를 성취하리라 확신한다.

   Chapter 03 괜찮아 마음먹기에 달렸어

지금 이 순간이 최고로 중요하다

창조력의 핵심은 언제나 지금 순간에 있다. 당신은 절대 고정되어 있지 않다. 여기가 변화가 일어나는 지점이다. 바로 여기, 바로 이 순간 우리 마음속에서! 우리가 얼마나 오랫동안 부정적인 사고방식을 갖고 있었는지, 얼마나 오랫동안 한심한 인간관계나 경제적 빈곤, 자기 증오, 질병 등에 시달려왔는지는 전혀 중요하지 않다.

오늘 이 순간부터 바꾸기 시작할 수 있다!

지금까지의 당신 문제가 더 이상 당신에게 사실일 필요는 없다.

그것은 이제 자신이 왔던 무(無)의 자리로 스러져 돌아갈 수 있다.

당신이 그렇게 만들 수 있다. 잊지 마라.

자기 마음속에서 생각하는 사람은 자신뿐이다!

당신 세계에서 유일한 힘과 권위는 당신뿐이다!

이 순간과 이 순간에 이르기까지의 모든 순간들을 창조해낸 것은 당신이 과거에 지녔던 생각과 믿음들이다.

그렇다면 당신이 지금 믿고 생각하고 말하는 것은 다음 순간과 내일, 내달, 내년을 창조해내지 않겠는가? 그렇다, 사랑스런 당신이여!

나는 몇 십 년간에 걸친 경험에서 나온, 참으로 경이로운 충고 한마디를 해줄 수 있다.

물론 그렇다 해도 당신은 케케묵은 생각들을 계속하면서 변화를 거부하고 당신의 모든 문제를 고스란히 싸안고 지낼 수도 있지만 말이다.

당신 세계를 창조하는 사람은 당신이다! 당신이 그렇게 생각하기만 하면, 당신은 원하는 모든 것을 가질 수 있다!

지금 이 순간에 새로운 과정이 시작된다.

순간순간이 새로운 출발이니, 지금 순간은 당신에게 또 한 번의 새로운 출발점
이다!
이 사실을 안다는 건 얼마나 굉장한가!
창조력의 핵심은 지금 순간이다!
지금 순간이야말로 변화가 시작되는 바로 그 지점이다!

[루이즈 L. 헤이]

Chapter 03 괜찮아 마음먹기에 달렸어

이 책을 읽은 여러분에게 힘찬 격려의 박수를 보냅니다.

그 수고가 결코 헛되지 않고 당신의 가슴에 성공의 씨앗이 심겨졌을 것입니다. 이제 여러분 스스로 물을 주고 가지도치고 잘 가꾸어가십시오. 그러면 언젠가 이 성공의 씨앗이 자라서 여러 가지 형태로 성공과 행복의 풍성한 열매를 맺을 것입니다.

여러분에게 다시 한 번 강조하고 싶은 것이 있습니다.

어떤 상황에서도 "긍정적 마인드"를 가지시기 바랍니다. 모든 SNS상 필자의 별명이 "긍정의 힘"입니다. 여러분은 이미 긍정 바이러스에 전염되었습니다.

지금 힘든 일(사업 실패, 실직, 실연, 질병, 사기, 시험 낙방, 면접 실패 등등)이 있어도 희망을 갖고 절대 포기하지 마세요.

행운은 포기하지 않는 자에게 오는 선물입니다.

한쪽 문이 닫힐 경우 닫힌 문을 보고 한탄하다가 세월을 보낼 것인가?

닫힌 문을 빨리 잊어버리고 열린 다른 문을 보고 나아갈 것인가?

모든 것은 선택의 문제랍니다. 반드시 긍정을 선택하기 바랍니다.

구름 너머에 반드시 빛나는 태양이 있고, 비가 온 후에 무지개가 뜹니다.

깊은 밤이 지나면 새벽이 오고, 추운 겨울이 지나면 반드시 따사한 봄이 옵니다.

인생은 동굴이 아니고 터널입니다. 반드시 출구가 있다는 사실을 명심하십시오.

마지막으로, 필자가 CEO로 있는 회사의 슬로건인 "사자의 심장을 가져라! 당신은 세상을 변화시키는 명품 리더입니다."라는 말을 여러분의 가슴에도 새기기 바랍니다.

사자는 백수의 왕으로 어디를 가도 당당합니다. 이제부터 여러분은 면접을 보러 가도, 프레젠테이션을 할 때도, 영업을 할 때도, 부자를 만나도, 권력자를 만나도, 사장님을 만나도 사자의 심장을 가지고 당당하십시오. 말처럼 쉽지는 않을 것입니다.

여러분은 돈으로 매길 수 없는 존귀하고 가치 있는 존재이기 때문에 어디를 가도, 누구를 만나도 당당하십시오.

현재의 연장선상에서 미래를 예측하지 마십시오. 불안의 등불은 꺼지고 희망의 등불이 켜졌습니다. 이제 머리를 높이 들고 희망의 물결을 붙

맺음말

잡으십시오. 여러분은 세상을 변화시키는 명품 리더가 될 것입니다.

이 책이 여러분의 갈증을 해소하는 오아시스 같은 핫팁이 되었는지요?

지금 이 순간부터 긍정의 힘으로, 사자의 심장을 갖고, 독수리 날개를 펼치고, 멋진 미래를 향해 힘차게 비상하시기 바랍니다.
God bless you.

남이 보지 못하는 것을 보는 법

핫팁

초판 1쇄 인쇄 2015년 02월 27일
2쇄 발행 2017년 07월 31일

지은이   노경한
발행인   이용길
발행처   모아북스
          MOABOOKS

관리   양성인
디자인   이룸

출판등록번호 제 10-1857호
등록일자   1999. 11. 15
등록된 곳   경기도 고양시 일산동구 호수로(백석동) 358-25 동문타워 2차 519호
대표 전화   0505-627-9784
팩스   031-902-5236
홈페이지   www.moabooks.com
이메일   moabooks@hanmail.net
ISBN   979-11-86165-78-2   13320